PSICOPATIA EN SERIE: LA MALDAD EXISTE

Perfil criminal y análisis de la conducta de los asesinos seriales más crueles.

A mi marido, César; a mi hija, Carmen,

motores de mi vida,

mi compañía, mi camino

mi despertar, mi Norte, mi abrazo.

Día, noche, sol y luna.

Sin vosotros, ni esto, ni nada, sería posible.

A Margalida, fiel amiga; a Antonia, todo corazón:

mujeres valientes, fuertes, luchadoras.

Sonrisa perpetua, ejemplo de superación.

A Guillermo, por afrontar todo con una sonrisa.

Fénix.

Sinopsis

En la literatura como en la vida, siempre hay aspectos ficticios, inventados, imaginados, crueles, valientes, desafiantes, tristes, arriesgados, templados, coherentes, incoherentes... Unos, para distraernos y otros, para volvernos a la realidad. En esta obra, no hay tanto de literatura de ficción como de relato cruel: la vida del asesino serial. La vida de quien se regala la muerte de otros para su deleite, y que se permite el "placer" de repetir −tarea propia del asesino múltiple-. Entre su motivación: la satisfacción personal, la venganza o el placer de matar y ver sufrir a otros para sentirse pleno. Pero sobre todo, la conducta psicopática está presente en todos ellos, bien como rasgo de su personalidad, bien como personalidad en sí misma, sin que caigamos en el error de darles el privilegio de llamarlos "locos", pues ni lo son, ni lo están.

En los asesinos seriales que se describen en este documento, se aborda un elemento teórico que intenta aportar algo de conocimiento procurando explicar algo de la conducta criminal del agresor, para poner nuestros pies en la tierra y olvidarnos de la fantasía. Se analiza su motivación, sus miedos, sus odios; se describe el modus operandi del agresor, de forma que el lector ponga en la realidad del día a día hechos que la ficción aún no ha sido capaz de abordar de forma certera y nos lleva por caminos equívocos.

Cuando pasamos a realidad científica todo lo ficticio, lo imaginable y lo inventado, el verdadero terror que despliegan los asesinos más crueles se desborda, y cobra un sentido más allá de lo esperado.

INDICE

Introducción

Introducción

La investigación criminológica ha ido evolucionando en las últimas décadas. Hemos pasado de acceder a las escenas del crimen sin tener ningún tipo de cuidado y manipular cualquier evidencia sin seguir ningún protocolo -lo que ha supuesto grandes sesgos a la hora de avanzar en una investigación- a realizar en la actualidad grandes análisis en la misma y mejorar los resultados. En concreto, hemos optimizado los protocolos de acceso, el levantamiento de vestigios y hemos mejorado la cadena de custodia. Estos avances, han repercutido en una mejor calidad en las investigaciones y una mayor facilidad de cercar al sospechoso.

La criminología, y no sólo la criminalística, -como elemento de análisis objetivo de los vestigios visibles en la escena- ha avanzado hasta el punto en que la investigación desde la mirada del criminólogo permite analizar el *modus operandi* -que en adelante expresaremos con el acrónimo M.O.-, y acercarse a las causas psicológicas que llevan al agresor a cometer determinado tipo de crímenes, con determinado tipo de víctimas, en momentos, lugares y tiempo determinado, y por ello, establecer perfiles de agresor y víctima, pudiendo tipificar a cada uno de ellos, basándonos en su patrón de acción.

Hemos avanzado en el estudio de las diferentes formas de comisión del hecho delictivo, y hemos podido mejorar en la evaluación de las circunstancias personales del agresor, estudiando su criminogénesis y su criminodinámica, -entendidas la primera como el estudio de cómo surge en el agresor la motivación que le lleva a la comisión del delito en cuestión; y la segunda, entendida como la relación y la forma de interacción entre el criminal y la víctima- permitiéndonos de esta forma, valorar las posibilidades de reinserción, la reeducación y la reincidencia del mismo, sin olvidar el análisis de su peligrosidad ante la exposición de determinadas situaciones.

Pero, añadamos también, que el criminólogo, como estudioso de la víctima, del delito, del delincuente y de su efecto en lo social, también puede proponer medidas orientadas a la prevención del crimen, y estrategias que permitan reducir el riesgo de criminalidad, tanto en el entorno físico, como poniendo ciertas medidas para reducir el riesgo de victimización, entre otros.

En ese aspecto, la investigación criminológica, como elemento multidisciplinar y aplicada a un caso, permite hoy por hoy la reconstrucción de los hechos de diferente naturaleza y el análisis forense de los datos a partir de la información recogida en el sumario -documentos, informes periciales, reportajes fotográficos, declaraciones de testigos y de víctimas supervivientes al hecho criminal, etc.- pudiendo llegar a conclusiones que serán plasmadas en los preceptivos informes criminológicos. En ellos, no sólo el criminólogo va a exponer sus investigaciones y conclusiones consecuencia de las primeras, sino que también podrá hacer propuestas a los investigadores en materia de procedimiento o nuevas líneas de investigación, así como orientaciones en el interrogatorio a los sospechosos en función del análisis de personalidad de estos.

Por otro lado, en criminología, hay un elemento que parece esencial y que está íntimamente ligado al análisis del hecho delictivo: la escena del crimen. Durante años, hemos invadido las escenas del crimen sin cuidado alguno, recogiendo lo que parecía ser una prueba, -que por otra parte, no es prueba hasta que así lo determina el juez, debiendo llamarse, en rigor, indicio o vestigio a lo sumo- sin respetar, como ya se ha dicho, protocolo alguno.

Pero he ahí que olvidamos un elemento importante y no perceptible a los ojos como elemento visual en dicha escena: la huella psicológica. Sí, también las hay, en cada escena, en cada situación, a lo largo de la reconstrucción del hecho, en todas partes, tal como ya nos descubría y describía el criminalista francés en 1910, Edmund Locard en su Principio de Intercambio, cuando afirmaba, *groso modo*, que en la interacción entre víctima y victimario se producía un intercambio de elementos físicos, de manera que la víctima se queda algo del agresor, y al tiempo, el agresor se llevaba algo de la víctima: "es imposible que un criminal actúe, especialmente en la tensión de la acción criminal, sin dejar rastros de su presencia".

No obstante, no sólo se producirá ese intercambio o interacción física, sino que hay elementos psicológicos que se quedarán marcados en el conjunto de la escena. La labor de estudiar esta huella psicológica corresponde al perfilador criminal, que se valdrá de los elementos no observables o palpables de la escena como elemento principal de su estudio, sino de los signos y el sello personal dejado en la escena, en el devenir de los acontecimientos y en todo lo que gira en torno a la comisión del hecho delictivo, de la víctima, de la psicología del agresor, del espacio elegido, del momento temporal -el día, la tarde, la noche-, del devenir de los acontecimientos, del lugar donde es hallado el cuerpo y de la misma forma en que es hallado o ha sido dispuesto para su hallazgo.

Y en torno a todos esos elementos, como perfilador criminal, se ha de tener en cuenta lo que llamamos en nuestra disciplina el sello personal. Este se compone de tres elementos: el *modus operandi*, la firma o ritual y la escenificación, lo que en la práctica, nos va a permitir la vinculación de casos por discriminación de los mismos. Es decir, vincular casos con elementos esenciales que no son necesarios para la comisión del hecho -firma o ritual- o, que de serlos -M.O.-, son comunes y permiten discriminar de aquellos que no los presentan, permitiéndonos así vincular un mismo autor a determinados casos.

Grandes investigadores, criminólogos, juristas, psicólogos que hoy nos siguen enriqueciendo con su trabajo y engrandecen esta disciplina, profesionales de la talla de Juan Enrique Soto, Vicente Garrido, Andrés Sotoca, Paz Velasco, Jorge Jiménez, han hecho posible, junto a todos aquellos que durante décadas y siglos, han trabajado en este campo, que la información que en este documento se recoge, vaya tomando forma y aporte un poco más de conocimiento al avezado lector de materias como la que nos ocupa.

SELLO PERSONAL COMO ELEMENTO DE VINCULACIÓN DE CASOS.

En el MO y firma de cada crimen, hay que diferenciar el porqué y el cómo, de tal manera que el MO hace referencia a *"cómo"* mata el agresor, mientras que la firma o ritual nos habla de *"porqué"* mata. De esta manera,

1.- El MO

- Siempre forma parte de la comisión de un crimen, bien perfeccionándose, bien degenerándose, o en cambio constante.

- Nos habla de cómo han llevado a cabo los hechos antecedentes, concomitantes y subsiguientes.

- Se da voluntaria o involuntariamente, ya que, para cometer un hecho delictivo, se dan necesariamente una serie de circunstancias que desembocan en el ilícito y que son necesarios para que se obtenga el resultado deseado.

- Puede tener influencias (conciencia forense)

2.- La FIRMA

- No tiene porqué darse en cada crimen, ya que no es un elemento necesario, y de darse, será estable, no cambiante en su esencia a lo largo de la carrera criminal del sujeto.

- Es un "extra" que coloca, deja, se lleva de la víctima y que simboliza algo para el agresor, incluye una carga psicológica en el delito.

- Permite la vinculación de casos.

3.- ESCENIFICACIÓN

- Alteración intencionada por parte del agresor antes de la llegada de los cuerpos policiales, con el fin o de dirigir la investigación de forma que aleje al autor de las sospechas (como el caso de un hombre que mata a su esposa y pretende simular un asalto), o para proteger a la víctima o a su familia.

- Despersonalización

De esta manera, y a modo de conclusión tras esta breve exposición, MO, ritual (o firma) y escenificación conforman un concepto integrador que denota el estilo peculiar y característico de un agresor y que lo diferencia de otro agresor, conformando así el sello personal.

QUÉ ES Y PARA QUÉ SIRVE LA PERFILACIÓN CRIMINAL

Según García-Barceló, 2020, en el perfilado criminológico, el objetivo del analista de la conducta es crear hipótesis para orientar la investigación de modo que se logre identificar al responsable de los hechos (sean uno o varios). El perfilado es por tanto, una herramienta al servicio de la investigación criminal, que analiza los elementos que influyen en el hecho criminal de forma minuciosa, objetiva, imparcial, científica, independiente y externa al resto de unidades de policía, teniendo en cuenta la evidencia psicológica. Permite establecer los retratos psicológicos de distintos tipos de criminales: asesinos seriales, secuestradores, terroristas, violadores, pedófilos y pirómanos, a partir de detalles aparentemente triviales. El modelo que se propone es el Modelo FBI, que identifica y recoge información sobre qué, por qué y quién comete el delito, y que sigue una serie de pasos para elaborar el perfil utilizando variables a partir de las cuales obtener información. Consiste en un adecuado planteamiento de problemas (formular preguntas en relación al fenómeno que estudiamos), hipótesis y en su respuesta correcta. El proceso tiene 5 etapas: recolección y evaluación de la información que resulta de la escena; reconstrucción de los hechos; hipótesis sobre la motivación; hipótesis sobre el tipo de agresor; hipótesis de atribución de los hechos.

TIPOLOGÍA DE ASESINOS MÚLTIPLES

Es claro que hay individuos que no contentos con la comisión de un hecho criminal aislado con resultado de muerte, repiten estas conductas de forma habitual. Es lo que en líneas generales conocemos como asesinos múltiples. No obstante, procede hacer una mínima mención a las distintas tipologías establecidas para sujetos con este perfil delictivo.

Asesino en masa (AM): Sujeto que mata a cuatro o más víctimas en un mismo momento temporal y en un mismo espacio físico, aunque no en sentido literal como veremos a continuación. No existe periodo de enfriamiento entre estos ya que se producen de manera sucesiva o en muy breve espacio de tiempo entre ellos.

Asesino frenético (AF): Aquél sujeto que mata a dos o más víctimas en un periodo de tiempo consecutivo y en dos o más lugares físicos. El tiempo que transcurre entre asesinatos no se debe a un periodo de enfriamiento, sino que es el tiempo que tarda el asesino en "localizar o elegir" una nueva víctima.

Asesino en serie o *serial killer* (AS): Todo aquél asesino que mata a tres o más víctimas, de forma sucesiva y con periodos de enfriamiento emocional intermitente. Ressler, 1985. (No definido en horas o días).

Así las cosas, y sin otro particular que comprender los hechos que como perfiladora me ocupan en lo referente a la criminalidad serial, me parece esencial que el lector conozca los puntos expuestos *ut supra*, para que se familiarice durante la lectura que a continuación le traigo, y le resulte de mayor comprensión y riqueza de conocimiento el análisis desde el rigor de la carrera criminal de los siguientes asesinos en serie, y pueda profundizar en el análisis de la personalidad de los mismos para comprender, pero nunca compartir ni justificar, la motivación de cada uno de ellos, así como que sirva de recuerdo a aquellos que murieron en sus manos de forma tan terrible y cruel.

¿Y qué podemos decir la posibilidad de reeducación o reinserción de estos sujetos?

Desde el punto de vista psicológico se plantean serias dificultades de reinserción y de tratamiento para personalidades psicopáticas debido a su falta de motivación, a que el sujeto no es capaz de establecer ningún vínculo emocional con el terapeuta, a que sus intentos son siempre manipular a éste, a que no sienten ninguna necesidad de cambiar, y a que no son sinceros ni se responsabilizan de sus actos. En la mayoría de los casos, lo más probable es una tendencia a abandonar los programas de tratamiento, salvo que, el sujeto considere que dicho tratamiento pueda suponerle una oportunidad para obtener beneficios penitenciarios, o lo vea como un medio para aprender y perfeccionar el modo en que han de efectuar sus agresiones, perfeccionándolas para, caso de recuperar la libertad, continuar con la actividad delictiva.

Los esfuerzos de los terapeutas por conseguir en el evaluado cierta empatía hacia las víctimas podría ser aprovechado para obtener placer al interiorizar los efectos nocivos que sus actos provocaron en sus víctimas. La reinserción en sociedad es altamente peligrosa en la mayoría de las ocasiones y no existen indicios de que puedan integrarse en la sociedad con facilidad. Lo más probable es que se reincida si se tiene la oportunidad.

El psicópata, en líneas generales es hermético y no permite potenciar habilidades sociales y/o de comunicación -más que las necesarias para alcanzar sus objetivos-, estrategias de afrontamiento de las situaciones estresantes, práctica de asunción de responsabilidades, valores morales, técnicas para reestructurar el desarrollo de su personalidad, etc., lo que le hace incapaz de reinsertarse, máxime cuando en realidad, no siente la necesidad de hacerlo.

1.- Allit, Beverly: El ángel de la muerte

MUJERES ASESINAS

En función del tipo de crimen o del móvil, clasificación:

1. Viudas negras, matan a personas de su entorno por razones económicas y suelen tener varios amantes. (Podemos citar el caso reciente de *La Asesina de Patraix, "Maje"* en agosto de 2017)

2.- Infanticidas, asesinan a sus hijos. (Síndrome de Medea - Tragedia de Eurípides) Matan para hacer daño a su marido (por contra, podemos citar el conocido caso *Bretón*)

- Neonaticidas: matan a sus hijos dentro de las primeras 24h de su nacimiento.
- Funcionales: matan a sus hijos porque les estorban.
- Altruistas: matan para evitar el sufrimiento de sus hijos.
- Placer sádico: por lealtad a la pareja penal

3-Depredadoras, que albergan cierta fantasía en su mente que les lleva a matar, como es el caso de las

Envenenadoras de Nagyrev, a las que reservamos el capítulo once.

4.-Ángeles de la muerte, enfermeras o asistentes sociales que asesinan pacientes. Se entiende como Ángel de la muerte a aquel cuidador que asesina a personas de las que debería ocuparse, es decir, aquellos que trabajan en hospitales, residencias de ancianos o centros de salud, así como aquellos que cuidan a los enfermos en sus hogares. Suelen elegir como víctimas a aquellos que no tienen capacidad para defenderse como niños o ancianos. Suelen presentar el llamado Síndrome de Munchausen, que toma dicho nombre por un barón alemán que en siglo XVIII solía inventar hazañas heroicas de las que salía ileso, aunque con ciertos daños que no hacían peligrar su vida. Este síndrome cursa porque quien lo sufre inventa o se provoca lesiones y enfermedades para llamar la atención. E incluso toman su variante, el Síndrome de Munchausen por poderes, que se centra en causar daños a los demás, y al tiempo resulta ser su salvador, para generar dependencia de él, lo que se convierte en un patrón repetitivo de acción delictiva.

Hagamos un recorrido ahora por la vida de una mujer asesina que aúna los síndromes descritos (Munchausen y Munchausen por poderes): Beverly Allit.

Nace en Corby Glen, Lincolnshire, de familia trabajadora. Richard, su padre trabaja en una licorería, y su madre, Lillian, limpiadora en un colegio.

Beverley trabajaba de canguro voluntaria con los hijos de sus vecinos... descubrió lo importante que eran los hijos para los padres y lo agradecidos que eran con aquellos que les ayudaban con sus hijos.

A partir de los 13 años, comienza a coger peso y a mostrar síntomas de una conducta anormal: se caía constantemente y siempre llevaba vendajes, escayolas, tiritas, y así todos valoraban su valentía y fortaleza, lo que la convierte en la favorita de los profesores. Sin embargo, nunca quiso mostrar las heridas a sus amigas, por lo que terminaron diciendo que todo era un invento, lo que supuso que se alejase de sus amigas y comenzase a aislarse. El historial médico resulta ser dolores de cabeza, cortes, lesiones en la espalda, problemas digestivos, etc., además de que solía tener justificación para todo lo que le sucedía, lo que la convierte en una mentirosa patológica.

Con 17 años decide estudia enfermería, y comienza una relación: mentirosa patológica inventar que tuvo un novio anterior que había intentado violarla; su novio la perdona y un año después ella le deja inventando otra vez que su ex tenía VIH, y por eso terminaba la relación. Logró que un médico le extirpase el apéndice y tras la operación, ella misma se abría los puntos para evitar que la herida cicatrizase.

Finalizados los estudios, fue rechazada en varios hospitales lo que la sumió en una gran depresión. Sin embargo, logró colocarse en el Grantham después de varios intentos no por currículum, sino por la voluntariedad que mostraba en las entrevistas. En febrero de 1991 logra el puesto a tiempo completo en la Sala 4 de Pediatría. Y a pesar de tener el puesto que deseaba, continuaba autolesionándose (cortes en las piernas, bebía agua hirviendo, se inyectaba agua en el pecho). Su Síndrome de Munchausen pasó a convertirse en Síndrome de Munchausen por Poderes, donde autolesionarse ya no resultaba suficiente. Necesitaba hacer daño a los demás para ser vista como una salvadora heroica que se dedicaba al cuidado de los más desvalidos. Sólo dos días después de empezar a trabajar en el ala de pediatría, comenzó con los asesinatos.

Víctimas:

21 de febrero de 1991: Liam Tylor, de siete semanas, resfriado que derivó en bronquiolitis. 36 horas después de haber ingresado.

2 semanas después: Timothy Hardwick de once años, sufría parálisis cerebral fallece tras ser ingresado por un ataque de epilepsia, a pesar de que no le tocaba guardia a Allit. En algún momento accede a la hab y asfixió al niño con una funda de almohada.

Tres días después, Kayley Desmond, de un año, ingresa por infección de pecho, y repentinamente sufre un colapso. Es recuperada y la dirección del hospital la deriva a una clínica en Nottingham donde se recupera. Se pensó que podría tratarse de un brote infeccioso por lo que comenzaron a tomar medidas sanitarias para controlarlo.

23 de marzo de 1991, Pal Crampton de cinco meses, ingresado también por bronquiolitis, comenzó a sufrir fuertes bajadas de los niveles de azúcar en

sangre, sin ser diabético, pero pudo ser recuperado (Allit tiene vacaciones). A su regreso, nuevas bajadas y el hospital la deriva a una clínica en Nottingham donde se recupera.

Lo mismo con Yik Hung Chang de dos años y Bradley Gibson, de cinco. Se recuperan.

5 de abril del mismo año, Las gemelas Katie y Becky Phillips de dos meses, ingresaron por gastroenteritis y Beverley se ofreció a cuidarlas. Esa tarde dio la voz de alarma de que Becky estaba fría al tacto y creía que había tenido un ataque de hipoglucemia. La supervisora no pareció ver nada extraño y le dio el alta. La misma noche, Becky fallece en su casa.

El doctor Nanayakkana decide entonces ingresar a la hermana (Katie) para observarla de carca y controlar su evolución. Horas más tarde, sufría un paro cardiaco del que avisa Beverley muy a tiempo. Como esta vez la niña fue reanimada, la madre de la pequeña, en agradecimiento a su presteza, le pidió que fuera la madrina de su hija. Dos días después, sufre un nuevo paro cardiaco que le produce daños cerebrales severos y permanentes. Fue trasladada a Nottingham, donde se le observaron varias costillas rotas.

El 7 de abril, Michael Davidson, de seis años ingresa de urgencia al recibir un disparo accidental de un perdigón en el pecho. Fue intervenido y la operación tuvo éxito y fue subido a la planta de pediatría. Allí, al inyectarle por sexta vez un combinado de antibióticos, sufre un shock anafiláctico.

Días después, Christopher King, de nueve años, Christopher Peasgood, de ocho meses y Patrick Elstone de siete meses, que habían sido ingresados por infecciones que no revestían gravedad, también sufrieron colapsos. Patrick terminó sufriendo un daño cerebral permanente al ser privado de oxígeno durante demasiado tiempo. Los doctores encargados de planta, Nanakkayara y Porter, pensaba que se trataba claramente de alguien con intenciones criminales. Por otro lado, los directivos del hospital de Nottingham que recibían como mucho tres pacientes al año del Grantham, comenzaron a especular sobre el hecho de que en ocho semanas habían recibido más del doble de niños. Aún así, el 22 de abril, Claire Peck, de quince meses, fallece por un ataque de asma. El Dr. Nanayakkara informa a la dirección por lo que se decidió llamar a la policía. La policía pidió ayuda a un experto externo, el Dr. Hull, que se encargó del análisis de los expedientes para observar una posible negligencia del hospital o bien determinar criminalidad en los hechos ocurridos. La policía decidió instalar cámaras en todas las estancias de la Sala 4, lo que supuso el cese de los colapsos de forma radical. Dr. Hull los resultados de insulina en sangre obtenidos tras el análisis de sangre realizado a Paul Crampton alcanzaban el segundo nivel más alto del mundo en insulina en 1991, lo que supuso causa suficiente para abrir una investigación. Algo parecido sucedía con los resultados de insulina en sangre de Becky Phillips.

Durante las investigaciones se descubrió que la última enfermera en hacer uso de las llaves del armario de la insulina era Beverley. Por esta razón, el 21 de mayo fue detenida.

Conductas

Modus Operandi:

• Niños y bebés ingresados con enfermedades no mortales, como un resfriado, que derivan en bronquiolitis, estados cianóticos, dificultad grave para respirar, y finalmente la muerte.

• Durante los estados cianóticos, o de parada, ella reanima al bebé, lo "devuelve a la vida", por lo tanto los padres agradecidos, sólo quieren que ella sea quien cuide de los bebés.

• En ocasiones, los bebés quedan en un estado de coma irreversible que descubre Beverly y que a pesar de haber dado el aviso, es tarde y en consecuencia los padres deben desconectar la máquina.

• Los médicos que supervisan las muertes, a pesar de no observar signos de debilidad cardiaca, asumen que en ocasiones, estas muertes, pueden suceder.

• Administra dosis muy altas de insulina intramuscular en lugar de intravenosa como hiciera en las ocasiones anteriores, de forma que se aseguraba de que los médicos no pudieran reanimarla ya que el efecto es más lento y nada podría salvarla.

- Medios utilizados: asfixia, inyección de insulina, inyección de potasio, combinado de insulina y potasio, cuya consecuencia era colapso por privación de oxígeno y ataque cardiaco.

Pena:

- Fue acusada de 4 asesinatos

- 9 intentos de asesinato y

- 2 intentos fuera de las instalaciones

- los 2 últimos que no pudieron quedar suficientemente argumentado
- Diagnóstico psiquiátrico fue Síndrome de Munchausen y Síndrome de Munchausen por Poderes (incurables)
- Siempre sería un peligro para cualquiera
- El juez observaba un elemento sádico, ya que, siendo el hospital un lugar donde se ofrece seguridad y protección a los pacientes, Beverley lo había convertido en un lugar peligroso,
- Fue internada en el Hospital Psiquiátrico Rampton y donde recibió terapia.

Durante el juicio se decidió que era totalmente imputable a pesar de presentar el citado Síndrome y ser este una enfermedad mental., puesto que ponía medios para ocultar su M.O.

Durante el tiempo que Allit estuvo en libertad hasta ser finalmente juzgada y condenada, a pesar de haber sido suspendida de su ejercicio profesional, estuvo empleada en una residencia de ancianos donde atentó contra la vida de una mujer de setenta y tres años, Dorothy Lowe que salvó su vida.

Perfil criminal

- Carencia de empatía

- Síndrome de Munchausen por poderes.

- Distorsiones cognitivas

- Sin sentimiento de culpa.

- No asume la responsabilidad.

- Justifica los hechos

- Imposible la reeducación.

- Elevada posibilidad de reincidencia.

- Patrón prolongado de emociones turbulentas e inestables;

- pensamientos muy polarizados;

2.- Bundy, Ted: *El asesino de estudiantes*

Con él, hemos de comenzar hablando de la teoría de las actividades rutinarias:

Cohen y Felson establecen esta teoría para explicar el hecho delictivo.

Según afirman, el delito ocurre cuando un delincuente y un objetivo o víctima se encuentran al mismo tiempo y en el mismo sitio sin un vigilante o guardia (Wortley y Mazerolle, 2008).

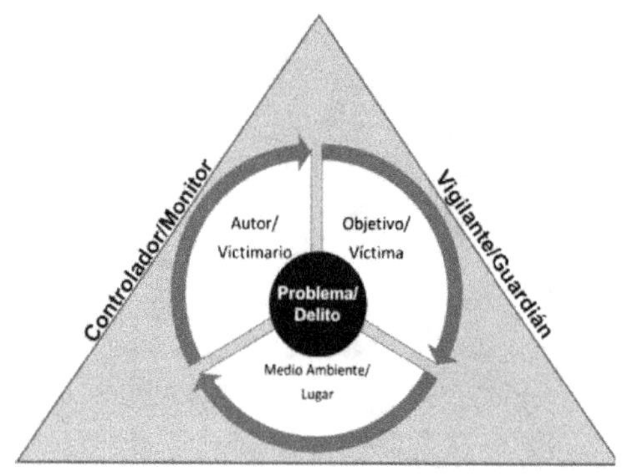

Santiago Quintos, O. y Torres Estrada, P. (coords.) (2017) p. 201
Con información de Clarke, Ronald
http://colegiomexicanodeanalisis.blogspot.com/2019/03/analisis-criminal-preventivo.html

Como ya hemos mencionado sobradamente, los agresores se comportan geográficamente igual que el resto de personas: se mueven por los lugares donde realizan sus actividades diarias, utilizan rutas conocidas y cómodas para viajar de casa al trabajo, a los entornos de ocio... manteniendo, como cualquiera de nosotros, cierta estabilidad geográfica en sus vidas, según afirman Wortley y Mazerolle, 2008. Estos lugares conocidos son los que el matrimonio Brantingham llama "nodos", es decir, el espacio en que coinciden agresor y víctima.

Patrón Delictivo.

Brantingham y Brantingham (1984) integran las teorías sobre el ambiente físico y la motivación del delincuente, desembocando en lo que denominarán teoría del patrón delictivo. En ella, establecen que un hecho criminal es más probable que suceda cuando la conciencia espacial del criminal se cruce con objetivos deseados y con bajo nivel de riesgo para él.

De alguna forma, estamos afirmando que los criminales no eligen de forma azarosa el lugar del delito, aunque sí a su víctima, ya que son conscientes del espacio físico en que se ha de producir su selección. Por tanto, podemos afirmar que la víctima no puede considerarse aislada respecto de su entorno.

Esta teoría se basa en el concepto de oportunidad, motivación, movilidad y percepción de la situación para fundamentar sus principios básicos:

Existen individuos motivados para cometer delitos. La comisión del delito surge como resultado del proceso de toma de decisiones por el que el agresor busca un objetivo o víctima, en un tiempo y un espacio concretos. Esta decisión, puede ser más o menos compleja según las características personales y motivación del criminal. El entorno físico donde se comente el crimen posee características físicas, espaciales, culturales, legales, psicológicas, sociales... que el agresor analiza en mayor o menor grado para poder actuar en él. El criminal motivado analiza las señales del entorno basándose en su experiencia personal y el aprendizaje de su carrera criminal, o bien por la ayuda de otros criminales -pensemos en los agresores que ya han estado en la cárcel y han comentado con sus compañeros qué delitos cometieron y porqué fueron detenidos y encarcelados. Los compañeros de prisión, podrán aportar también sus experiencias delictivas, sirviendo estas de "enseñanza", lo que supondrá un agresor con cierta conciencia forense una vez vuelva a quedar en libertad-.

El criminal analiza cada "posible" víctima, y la acepta o rechaza en función de la situación que siente él como más propicia para sus intereses delictivos. En esa toma de decisiones, el agresor utiliza principios comunes a todos los criminales, por lo que se pueden establecer patrones de comportamiento geográfico.

La disponibilidad de víctimas está influenciada por la zona en la que se mueve, la ciudad, el tiempo, el día de la semana, la climatología... Así por ejemplo, un agresor sexual de menores, para acceder a una víctima, deberá desplazarse a lugares donde pueda localizar víctimas con este perfil, como pueden ser colegios, parques..., y lo hará en un horario en que los menores están accesibles, y en momentos del año en el que están más tiempo fuera de casa, como en verano, ya que el clima permite que salgan más a jugar a la calle, muchas veces sin supervisión adulta. Este hecho supone una limitación de acceso a la víctima, lo que requiere el empleo de estrategias más elaboradas.

Otro factor de influencia es la tipología criminal, en función del tipo de crimen, número de objetivos y víctimas. Por ejemplo, un violador tiene más víctimas potenciales que un pirómano, lo que influirá en sus desplazamientos, el proceso de toma de decisiones y la distribución de los crímenes; en este caso, ante la facilidad del violador de acceder a una mujer para cometer la agresión sexual buscada, el incendiario tendrá que buscar edificios vacíos para quemar, desguaces de coches o lugares no habitados para incendiar, etc.

Así las cosas, Robert Theodore Bundy, nace 24 de noviembre de 1946, Burlington, Vermont, EE.UU. y fallece el 24 de enero de 1989, en la Prisión Estatal de Florida, Florida. EE.UU.

Su madre, Louise Bundy, lo trae al mundo a la edad de 23 años, y Ted crece en el núcleo familiar creyendo que Louise es su hermana, no su madre. A su padre biológico, un veterano de las Fuerzas Aéreas, nunca lo conocerá. Louise, padece enfermedad mental, ataques de pánico y depresión. Y sus abuelos, a quienes cree sus padres, son muy agresivos y violentos. Su abuelo tiene una adicción incontrolable por la pornografía, además de impulsos homicidas.

Así las cosas, desde los tres años de edad, Ted muestra señales de inadaptación personal a su entorno. Se llega a extender la teoría de que Ted, es en realidad hijo bastardo de su abuelo, que maltrataba a su esposa e hija Louise, y que a consecuencia de una violación, Ted viene al mundo. En esta misma época, cuando aún cuenta con tres años, Louise toma la decisión de abandonar su casa e irse con su hijo a vivir con otros familiares a Tacoma, Washington, donde conocerá a Johnnie Culpepper Bundy, cocinero del Ejército, con quien contrae matrimonio y ejercerá labores como miembro del Consejo Eclesial. John adoptará a Ted y le dará su apellido, y fruto del matrimonio nacerán cuatro hijos más, aunque no se mantendrá una relación familiar unida ya que Bundy no acepta esta nueva situación familiar ni reconoce a sus hermanos, pues considera que John pertenece a una extracción social inferior y no quiere tener nada que ver con gente de bajo nivel social.

Pasan los años y Ted no logra integrarse. Se muestra frustrado con los amigos del vecindario, no son suficientes para él, y no se siente vinculado a ellos. De alguna forma, no supera la separación de su abuelo Sam, que para él es su padre a todos los efectos. Se le unen además complicaciones como un cierto tartamudeo, y la dificultad de entablar relaciones sociales con chicas, de forma que no tiene ninguna relación sentimental en edad temprana, lo que le empuja a practicar voyeurismo espiando a sus compañeras y a mujeres por las ventanas del vecindario.

A los quince años comienza a cometer sus primeros delitos. Habitualmente, robos en el interior de domicilios. Muestra ya en esos momentos un elevado narcisismo, que le permite creer que está por encima de la ley, que no será descubierto porque los cuerpos policiales son poco más que ineptos.

En 1971, se produce la primera posible agresión con resultado de muerte violenta por parte de Ted. Anne Mª Burn, de 8 años, que reparte habitualmente los periódicos en su vecindario, desaparece de su vivienda la noche del 31 de agosto de ese mismo año.

Al no poder adaptarse a su entorno, decide acercarse a su tío abuelo Jack, profesor de música en la Universidad de Washington, para ver si de esta forma obtiene algo de reconocimiento. Estudia secundaria en Tacoma, y tampoco logra integrarse pues muestra una conducta difícil y distante con sus iguales, además de que hay algo en su carácter que le impide establecer relaciones y vínculos sinceros en sus relaciones sociales y personales.

Accede a la universidad en 1965 gracias a un expediente académico de Notable, pero nuevamente no logra sentirse cómodo en ese entorno, de manera que comienza a mostrar una nueva apariencia en la que se envuelve de un halo de sofisticación, seguridad en sí mismo, mostrándose como un sujeto ingenioso y sociable. Estudia algo de Chino en la Universidad de Washington en 1967, para sostener esa nueva imagen que pretende ofrecer, aunque se centra en la carrera de Derecho.

Resultado de esta nueva apariencia, conoce y entabla relación con Stephanie Brooks. Físicamente es una chica de estatura media, delgada, pelo largo, media melena, peinada con la raya en medio; proviene de buena familia, educada, afable..., en definitiva, se enamora de todo lo que esta joven representa para él. Será con ella con quien mantenga su primera relación sexual, y en poco tiempo se obsesionará con ella. Por el contrario, para Stephany, él es un joven inmaduro todavía, por el que no siente la misma pasión y enamoramiento que él, y sin un proyecto de futuro, por lo que no toma la relación en serio, sino como algo temporal mientras pase sus años de universitaria.

Tras la ruptura, Ted no logrará superar el golpe emocional que le supone, y opta por abandonar los estudios y trasladarse a Philadelphia con la finalidad de investigar sobre su supuesta adopción. No tarda mucho en averiguar que es hijo ilegítimo, y la que cree su hermana, es en realidad, su madre. Esto supone un golpe durísimo para su autoestima y su personalidad, pues se siente profundamente engañado y se tambalea su esencia misma. Se siente despreciado y traicionado por su propia madre, ninguneado, sensación que hace por momentos extensiva a su novia. En esencia, comienza a sentirse traicionado por aquellas mujeres a las que más quiere.

No lejos de desmoronarse, al menos aparentemente, vuelve a matricularse en la universidad. Ahora lo hará como estudiante de Psicología, mostrándose desde este momento, como una persona al tiempo cercana, al tiempo agresiva, produciéndose en él una gran capacidad de disociación de las emociones.

En esta andadura y con este nuevo perfil, comienza una relación con Elisabeth Kendall. Esta nueva situación, parece sumirlo en cierta tranquilidad durante algún tiempo. Continúa con sus planes, y en 1971, ya con 25 años, comienza a realizar un voluntariado en el que apoya a los suicidas en el teléfono de la esperanza.

Observamos en este caso, como es capaz de apoyar y potenciar las habilidades de otros ante situaciones muy extremas y cómo a la vez es un sujeto rencoroso y vengativo, incapaz de gestionar sus emociones, como se describirá en líneas posteriores. Pero por otra parte, Ted no ha dejado de verse con Stephanie, a la que se propone enamorar con esta nueva versión de sí mismo que había creado. Y así sucede. En 1974, logra enamorar a Stephanie a la que, una vez accede a retomar su relación y le acepta en matrimonio, deja en venganza por el daño causado.

Es aquí donde comienzan a producirse los primeros asesinatos. Sus víctimas guardan todas un tremendo parecido físico, con un perfil concreto: estudiantes, jóvenes, sociables, que ven en Ted un compañero más del campus, amable, educado, cercano, servicial, dispuesto y apuesto. Todas son parecidas a Stephanie, en definitiva, chicas que caminan por el campus, que van de un aula a otra, la biblioteca, o al edificio contiguo. Algunas de ellas, son víctimas oportunistas -es decir, estaban en el lugar menos adecuado en el momento menos adecuado y Ted Bundy se cruzó con ellas-, pero su perfil físico fue determinante para ser seleccionadas.

Es muy significativo su modo de acceder a la víctima: simula, con un brazo en cabestrillo o un pie vendado y utilizando unas muletas, que necesita ayuda para meter sus libros dentro de su coche, lo que no supone ningún peligro aparente para las serviciales muchachas a las que pide ayuda o que incluso se prestan voluntarias para ayudar a otro compañero del campus. Cuando esto sucede, y aceptan prestar auxilio al desvalido joven, él las agrede con una barra de hierro, y las empuja dentro de su coche -que previamente había sido desposeído del asiento trasero, para mejor y más rápida manipulación de sus víctimas-, y las secuestra. Conduce hasta un lugar apartado donde, si la víctima aún vive tras la agresión con la barra de hierro, las esposa, tortura, viola y mata mientras observa, mirándolas a los ojos, como abandonan la vida. Para él, será como "sentirse Dios", según expresa en sus declaraciones. Abandona los cadáveres y suele acostumbrar a volver a visitarlos para ensañarse con los cuerpos ya en estado de putrefacción, a los que, entre otras aberraciones, solía maquillar, agredir, violentar, y practicar necrofilia.

Conductas
M.O.

o Entre 1973-1978:

o Localiza a la víctima en el entorno del campus.

o Simula un brazo en cabestrillo o pierna rota con muletas

o Pide ayuda para meter los libros en el coche.

o Golpea con una barra de hierro.

o Lo introduce parte posterior del coche sin asientos.

o Se aleja a un lugar apartado.

o Si vive: la esposa, tortura, viola, mata mirándola a los ojos mientras muere para "sentirse Dios".

o Abandona los cadáveres.

o Vuelve a visitar los para ensañarse con los cuerpos en putrefacción.

o Los maquilla, agrede, y practica necrofilia.

o Muerde a alguna de las víctimas.

o Lisa Levy nalga izquierda y pecho - Chi Omega - No huellas dactilares pero sí dentales - Impresión dental.

o El Dr. Richard Souviron, dentista de Coral Gables, tomó fotografías de los dientes delanteros superiores e inferiores y de las encías de Bundy. Observó el patrón desigual y la coincidencia. El tejido desapareció.

o Señaló lo singular de la marca de hendidura y mostró cómo coincidía con las impresiones dentales de los dientes de Bundy.

o Mostró la estructura de la alineación, las astillas, el tamaño de los dientes y los factores de agudeza de los dientes bicúspides, laterales e incisivos.

o Colocó en una pizarra una foto ampliada de la marca de la mordedura y puso sobre ella una lámina transparente con una imagen ampliada de los dientes de Bundy.

o Se trataba de un doble mordisco: había mordido una vez, luego se volvió de lado y mordió de nuevo. Los dientes superiores permanecieron en la misma posición, pero los inferiores dejaron dos anillos.

o Las características físicas tanto de la herida de la mordedura como de los dientes del sospechoso incluyen:

o La distancia de cúspide a cúspide

o La forma del arco bucal

o La evidencia de un diente desalineado

o La anchura y el grosor de los dientes, el espacio entre ellos

o La falta de dientes

o Las curvas de los bordes de mordida

o La dentadura única

o Los patrones de desgaste, como las astillas o el tallado.

Ritual

Perfil Victimológico

1.-Venganza-deseo de control.

- Jóvenes estudiantes universitarias

- Misma apariencia que Stephanie Brooks (no es un patrón al azar)

- Estatura media, delgadas.

- Pelo liso largo, ralla en medio.

- Sociables.

- Confiadas.

2.-Venganza-control y poder.

- Madre y las mujeres.

Perfil criminal

o Depredador

o Habilidades para el disfraz.

o Asesino serial organizado.

o Tipología: viajero, itinerante – Kim Rossmo

o Psicópata malvado: Arrogante, elocuente, seductor, manipulador, megalómano, encanto superficial, cruel, cínico, pasivo-agresivo, altamente violento detrás de un imagen pulcra.

- o Parafilia sádico sexual, voluntad expresa de hacer daño como medio de obtención de placer sexual.
- o Arrebato violento.
- o Necrófilo
- o Muerde como parte de su agresión.
- o Narcisista - baja autoestima.
- o Graves distorsiones cognitivas.
- o Sin empatía.
- o Sin sentimiento de culpa.
- o Extremadamente violento y peligroso.
- o Imposible la reeducación.
- o Elevada posibilidad de reincidencia.

- Condenado por:
  - o 36 Asesinatos probados
  - o Él sólo declara 30.
  - o Silla eléctrica 24/01/1989
- o 1er ingreso prisión: 22/10/76
- Colorado - asesinato de Karen Campbell
  1- Fuga: 7 junio 1077 - Biblioteca Aspen. (6di)

2- Fuga: 30/12/1977 Conducto ventilación - Hasta Florida.

Hermandad Chi Omega: 14/01/1978:

- Karen Chandler (testigo)

- Katy Kleiner

- Lisa Levy

- Margaret Bowman

- Nita Nearvy

- Cheryl Thomas (sobrevive con daños)

- Ataque con mordedura: Identificación piezas dentales juicio.

09/02/1978: Kimberly Leach - 12años

Huye a Tallahasse, se deshace del coche, tira las matrículas.

Detención definitiva 17/02/1978

Juicios, se defiende sólo.

Se quiere hacer pasar por loco, ofrece contar dónde están los demás cadáveres,

ayudar en otras investigaciones.

Víctimas de Ted Bundy 1974-1978

Mujer blanca 16-26a

9/03/1974, Carol Valenzuela, de 20 años

12/03/1974, Donna Manson, de 19 años

17/04/1974, Susan Rancourt, de 18 años

6/05/1974 desapareció Roberta Parks, 20años

1/06/1974, Brenda Ball, de 22 años

11/06/1974, Georgann Hawkins, de 18 años

14/07/1974, la universitaria Janice Ott

2/10/1974 asesinó a Nancy Wilcox, de 16 años

18/11/1974 secuestró a Melissa Smith, hija del sheriff local de Utah

30/11/1974 desapareció Laura Aimee, 17 años

12/01/1975, Caryn Campbell, de 23 años

15/03/1975 secuestró a Julie Cunningham 26a

01/03/1975 encuentran partes de Lynda Healy, Susan Rancourt y Roberta Parks.

6/04/1975, Denise Oliverson

15/04/1975, Melanie Cooley, 18a

01/07/1975, Shelley Robertson, de 24 años

14/01/1978, CHI OMEGA

09/02/1978 Kimberly Leach, 12a

3.- Berkowitz, David:

El Hijo de Sam o Asesino del calibre 44.

Entramos ahora en un terreno más cercano a la enfermedad mental, la simulación de la enfermedad mental, la enfermedad mental y personalidad psicopática subyacente, comórbida, o incluso la manipulación del testimonio para dirigir una investigación a las circunstancias modificativas de la responsabilidad penal... juzguen ustedes, ya que es una de las habilidades que presenta El Hijo de Sam...

No se trata aquí de hacer una biografía de su vida, como no lo hacemos tampoco en la de ningún otro, sino que seguimos el aspecto delictivo y la conducta criminal para analizar los hechos.

Esquizofrenia: La padece el 1% de la población mundial. Es el trastorno mental más alienante por la anormalidad que genera en el pensamiento, el comportamiento y los sentimientos, por su tendencia a la recidiva* -

reaparición de una enfermedad o síntoma después de haber recibido tratamiento o haber alcanzado una remisión temporal- y la cronicidad, y ocasiona un deterioro en la personalidad de quien la padece y un desajuste psicosocial.

Las causas son múltiples, y no hay una única causa única ni suficiente. Su origen es biopsicosocial: factores genéticos, bioquímicos (alteraciones en los niveles de dopamina o glutamato), inmunológicos (virus), tóxicos (drogas), neurológicos, endocrinos, alteraciones en la familia de origen...

Se diagnostican por los síntomas que presentan, sus límites no están claros, se entremezclan unos tipos con otros y la singularidad humana hace que, a nivel psicológico, cada esquizofrenia sea única.

A nivel criminal no encuentran cifras elevadas, es más frecuente la comisión de delitos menores como robos, hurtos, o alteración del orden público. Un paciente que sufre esquizofrenia, si no se medica es más torpe, por lo que, si comete un delito de tipo homicida, resultará ser de fácil detención. Ej. Caníbal de Ventas: mata a su madre en enero de 2019, en febrero descuartiza, guarda en tuppers en el frigorífico, ingiriendo algunas partes de la víctima (profanación del cadáver).

Acusación: brotes psicóticos puntuales, es consciente. Pide 6 años y 3 meses.

Defensa: esquizofrenia, reducción de la condena y cumplimiento en un centro de salud mental.

Para valorar la imputabilidad, nos centraremos en el momento de la comisión del hecho y la comprensión de este, no en el momento de emitir el juicio penal.

Así las cosas, el asesino serial que abordamos a continuación, nace el 1 de junio de 1953 en Brooklin, de nombre Richar Daivd Falco.

Dado en adopción nada más nacer, Nathan y Berta lo bautizan como David Richard Berkowitz. Desde los 5 años sabe que es adoptado. Comienza a reclamar atención.

Problemático, mentiroso, tímido, tendente a la depresión; arrebatos de ira. Fácil de frustrar. Se encierra a oscuras en el armario. Autocastigo. Violento a la vez que retraído en el entorno escolar. Malas calificaciones, que sus padres justifican diciendo que tiene episodios depresivos. Las chicas lo rechazan por que no es atractivo "el desaliñado". Culpa las mujeres de no hacerle caso.

Misógino desde la adolescencia: creador del "*club de odiadores de mujeres*". Siente envidia de las demás parejas y practica el voyerismo, observándolas mientras están en actitud íntima. A los 14años, se produce una gran tragedia en su vida: su madre fallece de cáncer.

En 1971, a los 18 años de David, su padre vuelve a casarse, pero él no acepta a su nueva madre. Se alista al ejército, donde tiene la primera relación sexual con una prostituta y contrae gonorrea, lo que le hace odiar aún más a las mujeres. A su regreso, discusiones con su padre constantes. Resultado: autolesiones violentas. Se traslada al

Bronx, y tiene distintos empleos, no le satisface ninguno. Decide buscar a su madre biológica: encuentra a su madre y a una hermanastra. Les envía una postal, y deciden verse.

Sin embargo, sigue fantaseando con la idea de matar mujeres y experimentar placer con ellas. Así se produce el primer asalto a dos mujeres la navidad de 1975, avanzando así en dar forma a sus fantasías, pero descubre que no es hábil utilizando un arma blanca. En ocasiones se ataca con un arma de fuego por incapacidad de agredir con seguridad con un arma blanca, y por temer que el resultado no es el buscado. Así que, decide comprar un revólver del 44 de 5 disparos en junio de 1976, arma poco precisa, pero mortal a corta distancia.

Se traslada a Yonkers, y conoce a dos personas interesadas en las ciencias ocultas y acentúa esta creencia a la muerte de su madre. Se adentra en la secta *"los 22 discípulos del infierno"* y comienza a hacer escritos de contenido satánico - llegados a este punto, el lector no debe cometer el error de pensar en la posibilidad de que nuestro asesino ha perdido la cabeza o está cerca de perderla-. Deja de visitar a su madre y su hermana. Dice tener muchos dolores de cabeza. Comienza su etapa criminal:

Matar mujeres le excita muchísimo según el mismo declara. Tiene suficiente conciencia forense para mantener un periodo de enfriamiento que le permita no levantar sospechas, y retoma en octubre del mismo año. Por el tipo de asaltos, tan imprudentes, poco preparados, sorpresivos, mal ejecutados, ya que no mueren todos en cada ataque, se llega a pensar que son varios asaltantes los que están cometiendo los ataques. Se hace un perfil de agresor inicial: varón, raza blanca, 1´80cm, pelo oscuro, para alertar a la población, pero el resultado es mucha inseguridad y miedo en la sociedad.

Sin embargo, este perfil que se ofrece es demasiado genérico, falto de objetividad dados los hechos que están aconteciendo y probablemente llevado a cabo por personal no experto en esa materia concreta. Esta razón nos hace pensar que la perfilación criminal aún tenía mucho recorrido por delante y necesitaba de personal cualificado con experiencia suficiente para descartar información importante y que discrimine conductas, para cumplir con su función, que es la de reducir sospechosos o indicar características especiales que lo diferencien de otro asesino del mismo tipo.

Continuando con nuestro análisis, aparece entonces la parte de megalomanía, de sensación de éxito, de fama, se sensación de reconocimiento... y han puesto un apodo *"El hijo de Sam"*. No obstante, David utiliza también otros apodos: Duque de la muerte, el rey malvado, John Wheaties-Violador y sofocador de niñas jóvenes...". En sus cartas, habla de que obedece a una entidad superior, de que está realizando su trabajo. Indica que él mismo controla sus periodos de enfriamiento y que sólo él decide cuando disponer de las vidas de los demás, como servicio a la entidad superior.

La noche del gran apagón de Nueva York, una mujer observa a David quitar una multa de su coche, alejarse del vehículo, escuchar unos disparos, volver al coche y huir. Se pone en conocimiento de su entorno que lo comienza a investigar. La policía habla con el vecino de David, Sam Carr, que informa de que había intentado matar a su perro e incendiarle la casa, y no sólo la suya (al que nunca ha visto); las investigaciones apuntan a que tenía tendencia a provocar incendios, y había matado a varios perros. Algunos vecinos también han recibido cartas. Se entregan a la policía que las coteja y concluye que la letra es del mismo autor. El 10 de agosto, cuando es detenido, no pone resistencia y declara "tú sabes a quién tienes; soy el Hijo de Sam". Declara que es su vecino el que le pide que salga a la calle a matar mujeres. En su vivienda se localizarán pinturas satánicas, mucho desorden, mensajes satánicos...

Diagnóstico:

Algunos psiquiatras dicen que simula enfermedad mental y que es plenamente consciente de sus actos, ya que se vanagloria de ellos, y pretende modificar su condena e ir a un centro de salud mental.

Al mismo tiempo:

Aparecen más de 80 perros despellejados en Yonkers, y se relacionan estos hechos con ritos satánicos de la zona boscosa donde se dice se reúnen los 22 discípulos... John Carr aparece muerto, simulando un suicidio... y lo que antes la policía no veía con cierta relación, ahora le produce dudas. Entonces David, escribe una carta al sacerdote diciendo que existen prácticas satánicas llevadas a cabo por los seguidores de Alister Crowley y Eliphas Levi.

Meses después, en una conferencia, David, declara que nunca escuchó perros, que lo inventó para tener una reducción de su condena, y que lo que había escrito en su casa, pretendía ser un engaño para fingir locura.

El 10 de julio de 1979, un preso intenta degollar a David, pero este sobrevive. Lo hace porque hablaba más de la cuenta. David recibe ofertas muy interesantes para contar su historia. La Ley de Sam, prohíbe a cualquier agresor serial cobrar por contar sus historias. En 1987 se convierte al Cristianismo y se cambia el nombre a "Hijo de la Esperanza"

Conductas

Modus Operandi:

- Espacios públicos.

- Lugares de ocio.

- Parejas en actitud íntima, o sociabilizando.

- Se acerca, NO entabla conversación.

- Dispara a quemarropa de forma sorpresiva.

NO vuelve al lugar.

NO oculta los cuerpos.

NO hay interés personal.

VICTIMAS azarosas.

- Clase media-alta.

- Ataque: principalmente en bocacalles.

- Accede caminando aunque se traslade en coche.

Víctimas

- 29/07/76: 1muerto/1 herido=pareja. coche.

- 23/10/76: pareja heridas graves. coche.

- 26/11/76: pareja, heridas graves. cine.

- 30/01/77: 1 muerto/1herido. al salir de casa.

- 08/03/77: 1 muerto. disparo cara.

- 17/04/77: 2 muertos. pareja coche.

- 26/06/77: 2 heridos. discoteca salida.

- 31/07/77: 1 muerto/1 herido. pareja . coche.

Perfil criminal

o   Psicópata malvado.

o   Incendiario NO pirómano.

o   Asesina Serial tipo desorganizado

o   Esquizofrenia tipo paranoide.

o   TNP-Narcisista, necesidad de ser conocido.

o   Capaz   de   declarar   y   mantener   una
    conversación inteligente e inteligible.

o   Megalómano.

o   Insensible

o   Inestable

o   Manipulador

o   Misógino

o   No asume responsabilidad.

o   No reeducación, no reinserción, altamente reincidente.

o   No planifica.

o   Justifica los hechos.

o   Pensamientos muy polarizados.

Pena:

o   Detenido 12 agosto 1977, acumulación de multas cercanas a la escena el día de los hechos.

o   Procesado por 6 asesinatos 9 intentos Fotos con los nombres de las víctimas.

o   Reconoce 1488 incendios desde 1974.

o   En el juicio del 8 de mayo, se declara culpable. Se muestra agresivo, impulsivo.

o   Condenado a 6 cadenas perpetuas.

o   Prisión Estatal de máxima seguridad Attica.

o Sigue vivo, tiene 70 años, apunto de 71 al momento de escribir estas líneas.

4.- Chikatilo, Andrei:

El carnicero de Rostov

El asesino en serie que se expone a continuación, viene caracterizado por las parafilias, y por esta razón, se hace necesario aportar información teórica al respecto, ya que el lector comprenderá mejor a qué nos estamos refiriendo cuando describamos algunas de las conductas que marcan la vida de Andrei, ese conocido asesino en serie que Rusia no estaba dispuesta ni preparada para abordar. No sólo es "El carnicero de Rostov" el modo en que la historia conoce a este asesino en serie, sino que también le han sido asignados nombres como "La Bestia Roja", "Ciudadano X" (título que lleva al cine la narración de la vida y los crímenes de este asesino en serie en 1995), o "El destripador Rojo", ya que estos hechos se producen en la Ex Unión Soviética a partir del año 1978.

Respecto del marco teórico, es importante saber, que es un rasgo casi común, pero no totalmente extendido, que los AS sufran algún tipo de trastorno parafílico, además de presentar esquizofrenia y/o psicopatía –sabiendo ya que esta no es una enfermedad sino un tipo de personalidad, como hemos apuntado alguna vez ya en este documento escrito, aunque en ocasiones, sus rasgos y su conducta observable nos pueda hacer pensar que se presenta como un trastorno o una enfermedad, que supongan o puedan suponer una eximente o un atenuante, cuando menos, de la responsabilidad penal.-

Estos trastornos se recogen en el DSM-5:

- exhibicionismo,

- froteurismo,

- masoquismo,

- voyerismo,

- sadismo,

- fetichismo y

- pedofilia.

Así mismo, en el DSM-5 se expone que la parafilia es un "trastorno caracterizado por fantasías sexuales recurrentes y altamente excitantes, impulsos sexuales o comportamientos que implican actividad sexual con niños pre-púberes o niños algo mayores".

Entendiendo como "comportamientos que implican actividad sexual" aquellos que incluyen la preferencia sexual por menores, y el abuso mediante desensibilización, ejercida a través de manipulación emocional del menor para que este colabore, no mediante el uso de violencia física.

Todas las personas que abusan de un menor no tienen por qué ser diagnosticadas de pedofilia.

Se caracterizan por excitación sexual intensa y recurrente manifestada mediante fantasías sexuales, deseos o comportamientos irrefrenables, distintos para cada tipo de las citadas parafilias, durante un periodo mínimo de seis meses. Existen además otras clasificaciones de AS aportadas por otros autores y que refleja Jiménez Serrano, 2014, en función del criterio utilizado para su clasificación: MO, interacción con la víctima, motivación, entorno geográfico, etc.

a- Conductas Parafílicas o no normativas: objeto sexual extraño, estimulación inusual o ilegalidad.

- Sadismo, placer erótico al provocar dolor o humillación a la pareja.
- Masoquismo, placer por la propia humillación o sufrimiento físico o moral.
- Exhibicionismo, exponer los genitales a un extraño para excitación sexual propia.
- Fetichismo, excitación erótica mediante prendas de vestir o partes del cuerpo.
- Voyerismo o escopofilia, excitación por la observación del cuerpo desnudo o desnudándose, o en plena actividad sexual.
- Froteurismo, excitación sexual solo al refregar los genitales contra personas desconocidas.
- Necrofilia, atracción sexual por los cadáveres.
- Zoofilia, atracción sexual por los animales.
- Pedofilia, atracción sexual de los adultos por pre-púberes, impúberes o menores.

b- Conductas no parafílicas o normativas: en torno al objeto sexual socialmente aceptado.

Sexo de pago, instrumentalizado (internet), promiscuo anónimo, acosador, de intercambio (por drogas o servicios), hiperorgásmico (cursa con adicción al orgasmo), "*donjuanista*" adicción a la seducción, sin interés sexual o enamoramiento.

El sadismo, que convierte al sujeto en el agresor más peligroso y cuyo objetivo es hacer realidad mediante la violación sus fantasías sexuales y agresivas, infligiendo dolor físico y psicológico. Muchos tienen personalidad antisocial, son muy agresivos en su vida cotidiana, sobre todo cuando se les critica o frustra. (como por ejemplo, Joaquín Ferrándiz, *El asesino de Castellón*).

En un momento de su infancia no determinado con exactitud -aunque en ocasiones sí existe un detonante concreto-, asociaron agresión con satisfacción sexual. (Por ejemplo, Ed Kemper que veremos más adelante). Presentan conductas sexuales inapropiadas, pueden presentar parafilias desde la juventud, como voyerismo, sexo promiscuo, excesiva masturbación. En su vida adulta suele estar casado y llevar una vida ejemplar a los ojos de su vecindario, de su entorno laboral, social, etc. Tendrá una personalidad compulsiva- en algunos casos un TOC muy marcado-, lo que se podrá apreciar tanto en su apariencia personal como en sus hábitos, muy ordenado, limpio y conservado en perfectas condiciones. No tendrá antecedentes penales, ya que es altamente planificador, por lo tanto, mostrará mucho autocontrol.

A menudo llevará un "kit de violación" (esposas, pasamontañas, máscara, cuerda, cuchillo, cinta, etc.). El homicidio es secundario para ellos, lo que buscan es presenciar el dolor mediante torturas, golpes, cortes, mutilaciones, etc. No siente remordimientos de sus crímenes. Es probable que tras llevar a cabo varias violaciones seriales, comience a cometer homicidios seriales. Los correspondientes a este grupo, presentan parafilias -siendo frecuente la inserción de objetos en la vagina, así como dejar semen sobre la víctima o cerca de ella-. Podrá haber indicios de conducta sexual postmortem (necrofilia). La víctima puede ser desmembrada. La tendencia sexual del agresor es indiferente -podrán ser homosexuales o heterosexuales-.

Imputabilidad

Respecto de este punto, normalmente encontraremos neurosis obsesiva, parafilia de fetichismo, perversión sexual, que inicialmente y de forma excepcional pueden considerarse eximente incompleta, por ser situaciones ante las que se reacciona psíquicamente de forma anormal.

Entrando en materia, nuestro agresor sádico más violento, nace un 16 de octubre de 1936, en Yablochnoye, Ex Unión Soviética, que posteriormente será Ucrania. Su padre había sido prisionero en la 2GM, y su madre debe ser entonces la que se encargue de alimentar y mantener a los hijos, Andréi y su hermana.

Para evitar que salieran de casa por la situación de la Guerra, el hambre y los bombardeos, la madre les contó que el hermano mayor había sido asesinado y devorado por unos vecinos, por lo que lo más seguro era que no salieran de casa. En esa tesitura, se hablaba incluso de algunas ferias libres en las que se ofrecían trozos de soldados o cadáveres de niños, quemados por la nieve, para poder comer algo de carne. Durante la época escolar, Andréi resultó ser un joven extremadamente tímido y silencioso. No solía hablar con sus compañeros, lo que facilitó que fuese el blanco de sus bromas. Además Chikatilo sufría porque se consideraba torpe, aunque su rendimiento escolar era muy bueno. Cuando salía de la escuela se apresuraba a llegar a casa, donde desafortunadamente su madre lo humillaba y avergonzaba porque a pesar de contar ya con 12 años, seguía orinándose en la cama. Se sentía avergonzado por su aspecto, y hasta los 30 años no reconoció que padecía miopía desde niño, y fue entonces cuando se decidió a utilizar gafas por primera vez.

Pero Chikatilo, al contrario de lo que creía sobre su imagen, era un joven alto, de grandes ojos azules y complexión atlética, pero el fracaso en las relaciones se producía cuando era incapaz de mediar palabra con las chicas que intentaban entablar cualquier tipo de conversación con él. Durante la juventud, logra entablar conversación con un par de muchachas, pero al notar una de ellas que es impotente, propaga entre su círculo este hecho, lo que sume a Andréi en la depresión y el silencio.

Debido a lo sucedido, decide centrarse en sus estudios y realiza tres cursos por correspondencia (Ingeniería, Marxismo-Leninismo y Lengua y Literatura Rusa) ya que en su intento de acceder a la universidad también se vio frustrado, ya que a pesar de intentarlo, no lo consiguió. Años después, debido a que Chikatilo no sale de su encierro, su hermana decide presentarle a Fayina, una chica que mostraba interés por el aspecto físico de Andréi, además de verse muy atraída por lo que parecía ser un buen partido, ya que tenía estudios y un futuro muy prometedor como miembro del Partido Comunista. Comienzan a salir, y se casan en 1973, lo que resulta un fracaso, ya que, una vez casados, Fayina descubre la verdadera razón por la que Andréi parecía ser tan reservado y estar tan alejado de la sociedad femenina: era impotente, incapaz de mantener una erección, por lo que sus relaciones sexuales se limitaban a la masturbación. Aún así tuvieron dos hijos: Ludmila y Yura, que fueron concebidos porque de algún modo Chikatilo logró introducir el semen con la ayuda de sus dedos en la vagina de su esposa para embarazar a su mujer.

Constantemente Fayina reprochaba y humillaba a su esposo por lo patético que resultaba intentar tener relaciones sexuales con él. Un par de años antes, Andréi se había titulado como maestro de la escuela elemental, pero al tiempo, sus capacidades se ponían en duda ya que era incapaz de mantener el control en sus clases y sus alumnos le insultaban, le gritaban, e incluso algunos le golpeaban. Lo apodaron "el Ganso", entendido en la Ex Unión Soviética como "el imbécil". Lo trataban de *maricón*, ya que observaron que en ocasiones miraba y se acercaba extrañamente a algunos alumnos, aunque a Chikatilo parecía no afectarle. Sin embargo, no dejaba de mostrar interés por las clases que daba a niños más pequeños, que eran más respetuosos con él y que se dejaban manipular mejor.

Comienza a acercarse a niñas pequeñas colándose en los vestidores y masturbándose con la mano en el bolsillo mientas se desvestían; a continuación comienza a acosarlas, lo que provoca varias denuncias en su contra, pero que finalmente no evitan que Chikatilo siga ejerciendo esa profesión a pesar del malestar creado. Tiempo más adelante, solía masajearse el pene delante de sus alumnos, sin darse cuenta, lo que generaba más burlas hacia su persona. La consecuencia es que estos escándalos por fin dieron lugar a que fuese "invitado" a abandonar la escuela.

En 1978, la familia se traslada a Shakthi, donde nuevamente encuentra trabajo como profesor, lo que le permite realizar diferentes viajes para ejercer la profesión ya que ejercía de maestro en distintas regiones. Aquí, en esta coyuntura se produce el primer asesinato: Chikatilo, entonces ya con 42 años, se cruza en la calle con Yelena Zakotnova, de 9 años, y le ofrece un chicle (en aquél entonces llamado goma de mascar) fácil de conseguir en esa época en la U.S. La niña la acepta y Chikatilo la lleva hasta una pequeña casucha que había comprado en secreto y donde daba rienda suelta a sus instintos. Ya en la cabaña, desviste a la niña e intenta violarla, pero le resulta imposible dada su impotencia. Frustrado y enfurecido, comienza a forcejear con la niña que comienza a sangrar por una de las heridas que Chikatilo le había hecho al arañarla, y tiene una erección. Seguidamente, saca un cuchillo y comienza a apuñalar brutalmente a la niña, notando que con cada puñalada se acercaba cada vez más al orgasmo. Al tiempo que Yelena deja de respirar, Chikatilo logra eyacular. Este hecho le produce una grandísima satisfacción. Coge el cadáver de la niña y lo abandona en un río cercano. Después, se va a su casa. El cuerpo de la niña es hallado dos días más tarde, y Chikatilo resulta sospechoso; a pesar de ser interrogado ocho o nueve veces, no se le logra imputar. Este hecho coincide además con la aparición de Alexander Kravchenko, un enfermo mental de 25 años que vivía cerca del lugar del crimen, y tras ser torturado por la policía, que necesitaba un culpable rápidamente, se le imputa el crimen y se cierra el caso. Durante los años posteriores, la policía llega a descubrir más de treinta cadáveres en los bosques cercanos a las estaciones de trenes de Rostov. Uno de los primeros, estaba tan destruido que se pensó que había una joven atropellada por una segadora.

Viktor Burakov, el detective del caso, que finalmente se convertiría en el investigador principal del caso tras estar años intentando que se aceptase la existencia de un asesino en serie y que debía ponerse en conocimiento de la población, cuestión difícil pues políticamente la U.S. no estaba dispuesta a mostrarse débil ante el resto del mundo, observó rápidamente que había un patrón sádico sexual en varios de los cuerpos que habían sido hallados.

Durante doce años, Andréi Chikatilo apuñalaría, devoraría y destriparía a más de cincuenta personas, la mayoría niñas y niños que encontraba en estaciones de trenes. Las autoridades, dada la cantidad de cuerpos que se localizaban, llegaron a pensar que se trataba de un grupo de dementes que se habían escapado de un manicomio cercano.

Todos los cadáveres mostraban mutilación de órganos genitales arrancados a mordiscos, grandes cantidades de semen sobre los cadáveres, lo que indicaba que el asesino no violaba o no podía violarlos, y también la extracción de los ojos de las víctimas (pues se tenía la creencia de que en la retina quedaba grabado el rostro de la última persona que el fallecido había visto). En algunos cuerpos femeninos, se observaba que el semen había sido introducido en la vagina con ramas pequeñas para simular una violación. Burakov estaba convencido de que el *modus operandi* del agresor era que localizaba o entablaba conversación con las víctimas en los terminales de trenes, por lo que decide colocar diferentes agentes encubiertos como vigilancia.

Años más tarde, Chikatilo es despedido de la escuela por las mismas causas que la primera vez, y encuentra un nuevo trabajo en el que se requiere de continuos viajes a las distintas fábricas donde se encarga de acordar los trasportes y los materiales para factorías, lo que le supone una excusa excelente para ausentarse de casa sin levantar sospechas.

Andrei, solía pernoctar en las estaciones de tren a la espera de que apareciese alguna víctima a la que se acercaba con la excusa de acompañarlas o de ofrecerles dinero a cambio de sexo. Los invita a adentrarse en el bosque y les ataca por la espalda. Utiliza cuchillos afilados, un frasco de vaselina y una soga que lleva siempre en su maletín. Una vez sometida la víctima, les llena la boca de barro para que no griten o les corta la lengua a mordiscos, y a continuación los apuñala numerosísimas veces (en ocasiones hasta más de cien veces). Canibalizaba los cuerpos, y se untaba su sangre en la cara, gritaba y aullaba extasiado y excitado por sus actos. Arrancaba pedazos de sus víctimas, como el útero o los testículos, y a continuación, les quitaba los ojos, escondía los cadáveres entre los matorrales o los enterraba a poca profundidad, hasta que en un determinado momento comienza a abordar de forma indiscriminada a niñas y niños, lo que deja clara que su necesidad como depredador sexual va en aumento y está descontrolada. Una vez finalizaba, salía de los bosques y se iba a la estación de tren más cercana, desapareciendo sin dejar rastro ni levantar sospechas.

En 1984 es detenido en una estación de tren por conversar con varias mujeres y niños, y al revisar su maletín observar que tenía un cuchillo muy grande y una cuerda, y sus facciones coincidían con un retrato robot del sospechoso, y con un perfil psicológico que se había realizado del asesino, que describía a un sujeto con problemas sexuales orientado al sadismo y que posiblemente vivía con su familia. Este justifica el contenido de su maletín porque por su trabajo solía utilizar cuchillos y cordeles para empaquetar piezas metálicas o de hule. Se le realiza un análisis de sangre para determinar el grupo al que pertenece, ya que se sabía que el del asesino era AB. El resultado arroja grupo A, por lo que queda excluido del listado de sospechosos, ya que Chikatilo poseía la inusual condición de que su grupo de sangre era A, pero el esperma presentaba diferente grupo sanguíneo.

En 1990, Burakov, ante la disolución de la U.S., logra el apoyo del FBI. El 6 de noviembre de ese mismo año, uno de los informantes entrega un registro donde un tal "ciudadano Chikatilo" es sorprendido saliendo de unos matorrales cercanos, algo sucio y con un rasguño en la cara y un corte en los dedos. Burakov recuerda ese apellido de la lista de sospechosos de 1984, y el 13 de noviembre, es hallado el cuerpo mutilado de Sveta Korostik de 22 años en la zona donde fue visto Chikatilo días antes. El 20 de ese mismo mes, es detenido, tras varios días de seguimiento y observación. Una vez fue investigado en profundidad, se tuvo acceso a todos los antecedentes que tuvo siendo maestro. La evidencia de que Andréi Chikatilo era un pedófilo era incuestionable. Tras varios días de arresto aceptó haber intentado abusar sexualmente de una alumna, pero no hizo ninguna declaración más sobre ninguno de los asesinatos.

Bukhanovsky, era psiquiatra que había ayudado a Burakov a elaborar el perfil psicológico del asesino. Como Chikatilo se negaba a declarar nada sobre los asesinatos sobre los que era interrogado, Burakov solicita que sea el psiquiatra el que se entrevistara con él. Bukhanovsky accede a leer al sospechoso el contenido del perfil psicológico que había realizado. Mientras lo leía, Andréi Chikatilo se derrumbó y confesó cada crimen. El análisis psiquiátrico que se le realiza afirma que es competente para enfrentar un juicio y que no tiene ninguna enfermedad mental que lo incapacite.

Durante el juicio, Chikatilo es encerrado en una jaula para evitar que fuera agredido por los familiares de las víctimas. En las primeras sesiones, aparece un Chikatilo que simula estar perdido, ausente, con la cabeza y las cejas rapadas, se ríe, babea, jadea, grita, insulta a los familiares de las víctimas, dice incoherencias como "*estoy embarazado*", con la intención de fingir locura para ser encerrado en psiquiátrico y ser estudiado en lugar de ejecutado.

No muestra arrepentimiento por cada uno de los crímenes que se describen en la sala, y se describe a sí mismo como a un hombre al que le habían robado sus genitales y por ello había comenzado a matar. En una ocasión se bajó los pantalones, sacó el pene, en el que se observaban quemaduras de roce y laceraciones por la compulsión de la masturbación, y preguntó al jurado "*Miren, ¿qué esperaban que hiciera con esto?*". Con el paso del tiempo, comenzó a ser más colaborador y guió a los encargados del caso a varias de las escenas de sus crímenes, donde, ayudado por un maniquí, mostraba la forma en que inmovilizaba y asesinaba a cada víctima. Colaboró también en la localización de varios cuerpos que no habían podido ser hallado hasta el momento. Fue condenado por 52 de 53 crímenes que se le imputaron. Su ejecución, mediante un disparo en la nuca, tuvo lugar en la cárcel de Moscú el 14 de febrero de 1994. Antes de morir Chikatilo se lamentó diciendo: *"... y ahora, mi cerebro será cortado trozo por trozo para examinarlo. No hallarán otro como yo"*

Conductas

M.O.

Solía pernoctar en las estaciones de tren a la espera de que apareciese alguna víctima; se acercaba con la excusa de acompañarlas o de ofrecerles dinero a cambio de sexo.

Los invita a adentrarse en el bosque y les ataca por la espalda.

Utiliza cuchillos afilados, un frasco de vaselina y una soga que lleva siempre en su maletín.

Sometida la víctima, llena la boca de barro para que no griten o les corta la lengua a mordiscos.

Los apuñala numerosísimas veces (en ocasiones hasta más de cien).

Canibalizaba los cuerpos, y se untaba su sangre en la cara, gritaba y aullaba extasiado y excitado por sus actos.

Arrancaba pedazos de sus víctimas, como el útero o los testículos,

Les quita los ojos, esconde los cadáveres entre los matorrales o los entierra a poca profundidad.

M.O. modificación

En un determinado momento comienza a abordar de forma indiscriminada a niñas y niños, para saciar su necesidad como depredador sexual va en aumento y está descontrolada. Una vez finalizaba, salía de los bosques y se iba a la estación de tren más cercana, desapareciendo sin dejar rastro ni levantar sospechas. Apuñalaría, devoraría (marcas de mutilación de genitales arrancados a mordiscos) y destriparía a más de cincuenta personas. La policía llega a pensar que se trata de un grupo de dementes escapado de un manicomio cercano.

Ritual

Piquerismo

Se localizan grandes cantidades de semen sobre los cadáveres, lo que indicaba que el asesino no violaba o no podía violarlos, y también la extracción de los ojos (pues se tenía la creencia de que en la retina quedaba grabado el rostro de la última persona que el fallecido había visto). En algunos cuerpos femeninos, se observaba que el semen había sido introducido en la vagina con ramas pequeñas para simular una violación. (Se toma tiempo post-mortem).

Se consuma en actos incontrolados que se ve incapaz de impedir o interrumpir.

Experimenta un placer narcisista inmediato a corto plazo, entre orgasmo y sensación de dominio sobre el otro, y una gratificación negativa de calma o fin de su malestar que refuerzan su conducta.

Repetición de la conducta en un breve plazo de tiempo.

Acumulación de efectos nocivos de culpa, vergüenza, depresión, aislamiento social, abandono de la vida familiar, del rendimiento laboral.

Detención

Primer intento

En 1984 es detenido en una estación de tren por conversar con varias mujeres y niños, y al revisar su maletín observan que tenía un cuchillo muy grande y una cuerda, y sus facciones coincidían con un retrato robot del sospechoso, y con un perfil psicológico que se había realizado.

Chikatilo justifica el contenido de su maletín porque por su trabajo solía utilizar cuchillos y cordeles para empaquetar piezas metálicas o de hule.

Se le realiza un análisis de sangre para determinar el grupo al que pertenece, ya que se sabía que el del asesino era AB. El resultado arroja grupo A, por lo que queda excluido del listado de sospechosos, ya que Chikatilo poseía la inusual condición de que su grupo de sangre era A, pero el esperma presentaba diferente grupo sanguíneo.

Detención final.

En 1990, Burakov, ante la disolución de la U.S., logra el apoyo del FBI.

El 6 de noviembre, uno de los informantes entrega un registro donde un tal "ciudadano Chikatilo" que es sorprendido saliendo de unos matorrales cercanos, sucio y con un rasguño en la cara y un corte en los dedos. Burakov recuerda ese apellido de la lista de sospechosos de 1984.

El 13 de noviembre, es hallado el cuerpo mutilado de Sveta Korostik de 22 años en la zona donde fue visto Chikatilo días antes.

El 20 de ese mismo mes, es detenido, tras varios días de seguimiento y observación.

El análisis psiquiátrico que se le realiza afirma que es competente para enfrentar un juicio y que no tiene ninguna enfermedad mental que lo incapacite.

Se describe a sí mismo como a un hombre al que le habían robado sus genitales y por ello había comenzado a matar. En una ocasión se bajó los pantalones, sacó el pene, en el que se observaban quemaduras de roce y laceraciones por la compulsión de la masturbación. Comenzó a ser más colaborador y guió a los encargados del caso a varias de las escenas.

Perfil Victimológico
Poder/Control-Placer sádico
- Menores y adultos
- Hombres y mujeres.
- Entre 9 y 31 años.
- Van solos
- Confiadas.
- El adulto se ofrece a acompañarlo.

Perfil criminal
Depredador
Caníbal
Asesino serial desorganizado.
Psicópata Sádico.
Parafilia sádico sexual.
Narcisista - baja autoestima.
Graves distorsiones cognitivas.

Sin empatía.

Sin sentimiento de culpa.

Extremadamente violento y peligroso.

Imposible la reeducación.

Elevada posibilidad de reincidencia

Víctimas

Condenado por asesinato, confiesa 56, probados 52, 53 cuerpos.

Fue condenado en octubre de 1992.

Asalto sexual agravado

Asesinato agravado - entre 1978 y 1990.

Ejecución, mediante un disparo en la nuca. Moscú el 14 de febrero de 1994 en Novocherkask

Víctimas

Lena Zakotnova, 9 años, atacada por Chikatilo el 22 de Diciembre de 1978 mientras regresaba a casa después de patinar en una pista de hielo.

Larisa Tkachenko, 17 años. Atacada en una parada de bus cuando regresaba a su internado. Era el3 de Septiembre de 1981.

Lyubov Biryuk, (13 años) Chikatilo la atacó mientras regresaba de un viaje de compras en Donskoi el 12 de junio de 1982.

Lyubov Volobuyeva, 14 años cuando Chikatilo la atacó el 25 de julio de 1982 en un bosque cercano al Aeropuerto de Kashnodar. Su cuerpo se encontró el 7 de agosto.

Oleg Pozhidayev. primera víctima masculina de Chikatilo, 9 años cuando fue asesinado en Adygea el 13 de agosto de 1982. Nunca se encontró su cuerpo.

Olga Kuprina, 16 años. Asaltada y muerta en Kazachi Lagerya. El cuerpo se encontró el 27 de octubre. Fallecida en el verano de 1982

Irina Karabelnikova, 19 años, Chikatilo contactó con ella en la estación de Sakhti el 12 de Septiembre de 1982. Su cuerpo se encontró ocho días después, el 20.

Sergey Kuzmin, 15 años. Fue abordada en una autopista junto a la escuela interina. Su cuerpo fue encontrado en enero de 1983 en los alrededores de la estación de Sakhti.

Olga Stalmachenok, 10 años. 11 de diciembre de 1982. Fue atraída por el asesino de un autobús, mientras viajaba a casa después de recibir sus clases de piano en Novoshakhtins.

Laura Sarkisyan, No se conoce la fecha exacta. 15 años. Su cuerpo no fue encontrado.

Irina Dunenkova, 13 años. Fue asesinada en algún momento de julio de 1983. Su cuerpo fue encontrado en Aviators Park, Rostov, el 8 de agosto de ese año.

Lyudmila Kushuba, 24 años. Fue asaltada en verano de 1983 en un bosque cercano a la estación de autobuses de Shakhti. Su cuerpo no fue encontrado hasta el 12 de marzo de 1984.

Igor Gudkov, 7 años cuando fue asesinado.

Valentina Chuchulina, 22 años, cuerpo encontrado el 27 de noviembre de 1983 en un bosque cercano a la estación de Kirpichnaya.

Desconocida, mujer entre 18 a 25 años. Chicatilo dijo haber encontrado a esta víctima mientras ella intentaba encontrar "un hombre con vehículo"

Vera Shevkun, 19 años, asesinada en una aldea cerca de Shakhti. Su cuerpo se encontró el 30 de octubre, pero Chikatilo la mató el 27.

Sergei Markov, 14 años, desapareció el 27 de diciembre de 1983, mientras regresaba a su casa tras un trabajo. Su cuerpo se encontró el 4 de enero de 1984.

Natalya Shalapinina, 17 años, asaltada el 9 de enero de 1984, había sido amiga íntima de una de sus víctimas anteriores, Olga Kuprina

Marta Ryabenko, 45 años, 21 de febero de 1984. La asesinó en el Parque de los Aviadores, en Rostov.

Dimitriy Ptashnikov, 10 años. Fue asesinado el 24 de marzo de 1984. Chikatilo le encontró en una tienda de sellos y fingió ser un compañero coleccionista.

Tatyana Petrosyan, 32 años, 25 de mayo, Chikatilo la asesinó junto a su hija a las afueras de Shakhti

Svetlana Petrosyan, 11 años, hija de la anterior. Tras matar a su madre, Chikatilo la persiguió y acabó alcanzándola, matándola con un martillo.

Yelena Bakulina, 22 años, asesinada en fecha indeterminada de junio de 1984. Su cuerpo fue encontrado el 27 de agosto en la región de Bagasenski, Rostov.

Dmitriy Illarionov, 13 años, desapareció en Rostov el 10 de julio mientras iba a tramitar un certificado de salud para ir a un campamento de verano.

Anna Lemesheva, 19 años, asesinada en Shakhti. Desapareció el 27 de julio, cuando iba al dentista. Svetlana Tsana, originaria de Riga, desapareció en julio de 1984 con 20 años. Su cuerpo fue encontrado en el Parque de los Aviadores el 9 de octubre de ese año. Natalya Golosovskaya, 16 años. Desapareció el 2 de agosto de 1984 mientras visitaba a su hermana en Novoshakhtinsk

Lyudmila Alekseyeva, 17 años, mientras esperaba el autobús, se ofreció a llevarla a la estación. 7 de agosto cuando sucedieron los hechos.

Mujer Desconocida, entre 20-25 años. Muerta en Tashkent por Chikatilo durante un viaje de negocios a la ciudad uzbeka.

Akmaral Seydaliyeva, 10 años, se alejaba huyendo de Alma-Ata, en Kazajstán. Fue asesinada en Tashkent.

Alexander Chepels 11 años, 28 de agosto, muy cerca de donde también asesinó a su víctima anterior, Seydaliyeva.

Irina Luchinskaya, 24 años, librera de Rostov, asesinada el 6 de septiembre,

Natalya Pokhlistova, 18 años, 1 de agosto de 1985 cerca del aeropuerto de Domodedovo, Moscow Oblast. Su cuerpo fue encontrado el 3 de agosto.

Irina Gulyayeva, 18 años, 27 de agosto de 1985. Muerta en una arboleda cerca de la estación de autobuses de Shakhty. Su cuerpo fue encontrado al día siguiente

Oleg Makarenkov. Muerto en Sverdlovsk, Ucrania, 13 años, 6 de mayo de 1987. Chikatilo llevó a la policía a sus restos después de su detención.

Ivan Bilovetskiy, 12 años, fue asesinado durante un viaje de negocios a Zaporizhya, en Ucrania. Su cuerpo fue encontrado el 30 de Julio

Yuri Tereshonok, 16 años. Chikatilo le encontró en la estación de tren de Leningrado el 15 de septiembre de 1985. Condujo a la policía hasta sus restos una vez detenido.

Mujer Desconocida, de entre 18 y 25 años. Muerta cerca de la estación de Krasny Sulin. Su cuerpo fue encontrado en abril.

Alexey Voronko, 9 años, el 4 de mayo de 1988, en la fecha de su asesinato. Voronko fue asesinado cerca de la estación de tren de Ilovaisk, Ukrania, en la vía que seguía la ruta entre Ukrania y Rostov

Yevgeniy Muratov, 15 años, 4 de julio de 1988. Fue la primera víctima asesinada cerca de Rostov desde 1985. Su cadáver apareció el 10 de abril de 1989.

Tatyana Ryzhova, 16 años, en el apartamento de su propia hermana en febrero de 1989.

Alexander Dyakonov, asesinado en la ciudad de Rostov el día después de su octavo cumpleaños. Su cuerpo se encontró el 14 de julio.

Alexey Moiseyev, 10 años, 20 de junio de 1989, asesinado en la región de Vladimir, al este de Moscú, reveló este asesinato cuando fue arrestado.

Helena Varga, 19 años, tenía un hijo, asesinada por Chikatilo el 19 de Agosto de 1989. Era una estudiante que fue abordada en un autobús y asesinada en un paraje, cerca de Rostov.

Alexey Khobotov, 10 años. Desaparecido el 8 de agosto de 1989, en las afueras de un teatro de Shakhti. Chikatilo condujo a la policía hasta su cadáver después de su arresto.

Andrei Kravchenko, 11 años, 14 de enero de 1990, fue abordado en un cine en Shakhti. Su cadáver se encontró el 19 de febrero

Yaroslav Makarov, 10 años, 7 de marzo, muerto en los Jardines Botánicos de Rostov, después de abordarlo en una estación de tren.

Lyubov Zuyeva, 31 años, abril de 1990, Fue atacada cerca de la estación de Donleskhoz cercana a Shakhty. Su cuerpo se encontró el 24 de agosto.

Viktor Petrov, 13 años, 27 de julio de 1990, los mismos Jardines Botánicos muy cerca de Makarov.

Ivan Fomin, 11 años, 14 de agosto en la playa municipal de Novocherkassk. Su cadáver fue encontrado tres días después, el 17.

Vadim Gromov, 16 años, 17 de octubre de 1990, estudiante de Shakhti cuando tomaba el tren a Taganrog.

Viktor Tishchenko, 16 años, también asesinado en Shakhti. Se resistió duramente y consiguió morder el dedo de Chikatilo.

Svetlana Korostik, 22 años, 6 de noviembre, la última víctima de Chikatilo. Su cuerpo se

encontró el día 13 en un bosque cerca de la
estación de Donleskhoz.

5.- Dahmer, Jeffrey:

El carnicero de Milwauokee

No queriendo que el lector se aburra de la misma estructura expositiva, resulta de más utilidad presentar de diversas formas el análisis criminal del asesino en serie que se aborda capítulo a capítulo. Así las cosas, hablaremos de Jeffrey Dahmer a modo de telegrama, como en tantas ocasiones se hace cuando no queremos perdernos en los detalles, no por ello menos interesantes.

Datos biográficos

• Hijo mayor de dos hermanos

• Nace: 21/05/1960.

• Fallece en prisión el 28 noviembre de 1994 por la agresión con una pesa de Christopher Scarver mientras limpian en el gimnasio de la prisión.

• Padre: Lionel - químico; Madre: Joyce

• Su familia se muda a Ohio en 1968.

• Introvertido, poco comunicativo, muy tenso, solitario, se aísla, sin interés por las cosas.

• Al nacimiento del hermano menor, comienza a acusar la falta de atención.

• Es desatendido emocionalmente.

• 13 años, acude al colegio ebrio.

• 14-15 años, 1ª experiencia homosexual (beso).

• Reprime su tendencia sexual, la oculta.

• Padre, se centra en el trabajo.

• Madre, constantes depresiones, se aísla.

• 18 años de Jeffrey se separan los padres.

• La madre se lleva al hijo pequeño, David.

• El padre se une a nueva pareja, Shari.

• Jeffrey se queda solo en casa, y comete el primer asesinato, con 18 años -con una pesa-.

• Se va a vivir con su padre u tiempo; luego con su abuela, con la que se produce el periodo de enfriamiento.

• Desde 4años juega con huesos de animales, recoge animales muertos, los abre y desmembra. Le interesan cuerpos en descomposición.

• Intenta ir a la universidad, no prospera.

• Es expulsado del ejército tras cometer el primer asesinato.

• Tiene varias detenciones, 1982 -embriaguez y conducta desordenada-; 1986 -masturbación pública ante dos menores- un año de libertad vigilada.

• Recibe una invitación de un individuo en una biblioteca para mantener sexo, y aunque lo rechaza, la fantasía se reactiva.

• Comienza a visitar saunas. Desea control y sumisión, fantasías de dominación. Es echado del entorno.

• Se traslada al Hotel Ambassador.

Conductas
M.O.

• Localiza a la víctima en bar de ambiente.

• Las lleva a su casa para hacer fotos o tener sexo.

• Los droga y los alcoholiza.

• Mantiene relaciones sexuales con ellos.

• Los estrangula.

• Se tumba a su lado para escuchar cómo se apaga su corazón, lo que le produce excitación sexual.

• Se masturba producto de esa excitación o mantiene relación sexual necrófila.

• Toma fotos de la víctima en determinadas posturas.

• Los desmembra.

• Conserva cadáveres en la bañera, con los que mantiene relaciones sexuales al volver del trabajo.

• Se masturba ante los cuerpos abiertos y en descomposición.

• Quiere "compañeros silenciosos", que no le rechazasen y no se negases a sus deseos.

• Guarda en bidones de 300litros los cuerpos para descomponerlos con distintos ácidos.

• Guarda partes como trofeos.

Evolución del M.O.

• Decide trepanar parte del lóbulo prefrontal de sus víctimas e inyectar ácido para conseguir el *"amante zombi ideal"*, que nunca lo deje y acceda a sus peticiones de forma sumisa.

• La trepanación se hace con un taladro, que provoca que la víctima entre en coma.

• No sobreviven más de 12h.

Involución del M.O.

• Olvida la conciencia forense adquirida y comienza a solapar crímenes y a amontonar cuerpos en el apartamento.

• El olor comienza a ser insoportable y es percibido por el vecindario.

• Algunos vecinos observan que llegan jóvenes a su vivienda, pero no salen.

• Escuchan ruidos, gritos...

• El periodo de enfriamiento es cada vez menor.

• Aumenta el deseo sexual.

• Se confía.

Ritual

• Desmembrar los cuerpos para quedarse con órganos para su consumo y que formen parte de él -no quiere estar sólo-

• Trata los cráneos y algunos huesos -fémur- para hacer un altar en honor a todos ellos para que sigan con él.

• Guarda cabezas que embasa al vacío en la nevera.

• Cree que las partes que consume le permiten el control total sobre la víctima.

• La violencia es el paso necesario para acceder a un cadáver con el que satisfacer una fantasía sexual.

• Asesinato (estrangulación, trepanación)

• Mutilación, descuartizamiento.

• Necrofilia, total y partes del cuerpo

• Canibalismo (órganos vitales, corazón)

Víctimas
Condenado por: DETENIDO 22/07/91

- asesinato - 900años 15 cadenas perp

- abuso sexual infantil

- conducta indecente

- 1978 1ª víctima- Steven Hicks, 19años

Autoestopista - casa de sus padres.

Bolsas de basura, lo para la policía, le deja ir, entierra los huesos en su jardín. Años después, los desentierra y tritura.

- 1987-1991 - 16 víctimas

- Steven Tuomi, 28 - 15/09/87

Hotel Ambassador

- Jaime Doxtator, 14 - 16/01/88

Aptos. Oxford - 213

- Richard Guerrero, 25 - marzo/88

- Antonio Sears, 24 - 25/03/89

- Ricky Beeks, 33 - 29/05/90

- Eddie Smith, 28 - junio/90

- Ernest Miller, 24 - 02/09/90

- David Thomas, 23 - 24/09/90

- Curtis Straughter, 18 - 07/03/91

- Errol Lindsey, 19 - 07/04/91

- Anthony Hughes, 31 - 24/05/91
- Konerak Sinthasomphone, 14 27/05/91

Se escapa, Dahmer convence que es su novio y la policía lo deja ir con él.

- Matt Turner, 20 - 30/06/91
- Jeremiah Weinberger, 23 - 06/07/91
- Oliver Lacy, 23 - 12/07/91
- Joseph Bradehoft, 25 - 16/07/91

Perfil Victimológico

- Jóvenes de entre 15-30 años
- La mayoría es de color.
- Ambiente homosexual.
- Relaciones esporádicas.
- Sociables.
- Confiados.

Perfil criminal

- Asesino serial organizado.
- Psicópata
- Planificador.
- Mutilación, descuartizamiento.

• Necrofilia, total y partes del cuerpo

• Canibalismo

• Narcisista que encierra baja autoestima.

• Antisocial.

• Graves distorsiones cognitivas.

• Desórdenes parafílicos relacionados con la necesidad de control y dominación.

• Sin empatía.

• Sin sentimiento de culpa.

• Sin remordimientos.

• Extremadamente violento y peligroso.

6- Gain, Edward:

El carnicero de Plainfield

En este caso, nos encontramos con un asesino, que aúna diferentes diagnósticos, y esta vez tiene cabida la enfermedad mental, así como la presencia de rasgos psicopáticos y una antisocialidad muy marcada por el entorno materno, lo que hace que trastorno de personalidad, enfermedad mental y rasgos psicopáticos se presenten en un mismo asesino serial.

Pero, entonces, ¿cómo imputamos todos los crímenes a un sujeto con estas características?. Veámoslo a continuación.

IMPUTABILIDAD, TRASTORNO Y ENFERMEDAD MENTAL

Lo tendremos en cuenta como elemento que compone el delito y que viene tipificado en nuestro código penal.

TRASTORNO

- Por lo que se refiere a los Trastorno de Personalidad, hay seis tipos de trastornos de personalidad implicados especialmente en las conductas violentas: antisocial, límite, paranoico, narcisista y, en menor medida, dependiente y ansioso-evitativo.

- Puede haber un trastorno de personalidad de tipo mixto, con rasgos antisociales, histriónicos y paranoides.

- Tienen valor en función de los distintos tipos de violencia:

    - instrumental (propia de psicópatas y sujetos antisociales),

    - impulsiva (propia de sujetos bipolares y límites) y

    - psicótica (propia de sujetos delirantes y paranoides).

- En cualquier caso, resulta de mayor interés valorar síntomas activos y rasgos dimensionales en vez de diagnósticos categoriales de trastornos concretos.

ENFERMEDAD MENTAL

La "Acción típicamente antijurídica y culpable a la que la Ley señala una pena" (Acción típica antijurídica culpable penada por la ley), debe podérsele reprochar dicha acción a su autor. El Derecho Romano afirma que *"nullum crimen, nullem poena, sine culpa"*, esto es, la imposibilidad de que exista un delito si no existe una culpa reprochable al autor.

Como imputabilidad entendemos la "capacidad de actuar culpablemente".

Se presume a partir de la mayoría de edad, y comporta una capacidad con doble sentido:

- Capacidad para comprender la ilicitud del acto, (COGNICIÓN)

- Capacidad para actuar conforme a esa comprensión. (VOLICIÓN)

IMPUTABILIDAD: Interesará el estado mental en el momento de los hechos, que es el momento en el que deben valorarse la imputabilidad y las capacidades de obrar o de consentir.

Tras la consecución del diagnóstico, considerar si ha incidido sobre la conducta adecuada, libre, responsable y autodeterminante, es decir, el comportamiento libre y voluntario, y si por dicho trastorno se deben modificar las bases de la imputabilidad. Por el hecho de padecer una enfermedad mental el delito NO es inimputable, hay que tener en cuenta que muchas enfermedades no nublan el juicio de quien las padece, y otras que en el momento del hecho delictivo no impedían al sujeto discernir lo correcto de lo incorrecto.

Valoramos el estado mental en el momento de la comisión del hecho delictivo.

Se debe basar la valoración de la imputabilidad en la comprobación de cuatro criterios:

• Criterio cualitativo: naturaleza de la perturbación.

• Criterio cuantitativo: intensidad y grado de la perturbación en el momento del hecho.

• Criterio cronológico: duración del trastorno y permanencia del mismo.

• Criterio funcional: relación de causalidad entre el trastorno mental y delito.

La STS de 29 de octubre de 1981 entiende por inimputable a aquel sujeto que se halle "...en el momento de la acción en una situación de tan completa y absoluta perturbación de sus facultades mentales que le impida totalmente la inteligencia de los actos que realiza y la voluntad de llevarlos a cabo."

La STS 207/2006, 7 de Febrero de 2006 recoge que se trata de vincular una perturbación patológica o estado anormal (anomalía o alteración psíquica, intoxicación plena, síndrome de abstinencia o alteración de la percepción) con una consecuencia psicológica (imposibilidad de comprensión de la ilicitud de su acto o de actuar libremente conforme a dicha comprensión o alteración de la conciencia de realidad.)

"Ha señalado la Jurisprudencia que...

«no basta la existencia de un diagnóstico para concluir que en la conducta del sujeto concurre una afectación psíquica. El sistema mixto del Código Penal está basado en la doble exigencia de una causa biopatológica y un efecto psicológico, la anulación o grave afectación de la capacidad de comprender la ilicitud del hecho... la enfermedad es necesaria pero no suficiente...”

Según la STS 845/1999, 18 de Octubre de 1999, Existen dos grandes grupos de enfermedades mentales desde la perspectiva penal:

1.- Oligofrenia como estado deficitario por detención del desarrollo psíquico, congénito o adquirido, que se diversifica en idiocia, imbecilidad y debilidad mental.

2.- Psicosis que pueden ser endógenas, provenientes de causas íntimas nacidas de la propia persona (esquizofrenia, paranoia, psicosis delirante, maniaco-depresiva y epilepsia); o bien, exógenas, producidas por causas externas a la constitución de la persona con modificación sustancial del cerebro, permanentes o transitorias.

Estas, se proyectan a través de dos modalidades distintas, bien la psicosis tóxica, auténtica intoxicación cerebral, por toxinas que proceden del interior del organismo (sintomática) o del exterior (drogas); bien por psicosis orgánica, producida por lesiones cerebrales (traumáticas, sifilíticas, vejez prematura...)

Imputabilidad disminuida:

A la psicopatía se le puede aplicar, en algunos casos, la atenuante analógica o la eximente incompleta (art. 21.1) pero sólo se tendrá en cuenta, a efectos de la eximente completa o incompleta, en aquellos casos en que coexista con una enfermedad mental (esquizofrenia, alcoholismo, parafilias, etc.).

Asimismo la imputabilidad es más restringida cuando la psicopatía está complicada con la toxicomanía (STS de 4 de mayo de 2000) o con la deficiencia mental o cuando entraña una inadaptación grave a la vida cotidiana.

En cuanto a TP concretos, el trastorno límite (TLP), en la medida en que estos pacientes tienen un amplio historial psiquiátrico, muestran un nivel de sufrimiento emocional que les lleva incluso a desear la muerte y sufren de otros trastornos comórbidos, es el TP que más posibilidades tiene de ser tenido en cuenta como medida atenuante por los Tribunales. Cuando se acredita la existencia de un trastorno paranoide de la personalidad, la tendencia es hacia la atenuante muy cualificada (SAP de Madrid, 12 de marzo de 2010).

Por otra parte, y no menos importante, sino todo lo contrario, ni el trastorno antisocial ni los trastornos de personalidad no especificados, aun siendo tan graves o más que una categoría concreta, no suelen suponer una merma de la imputabilidad.

Sobre nuestro asesino, entrando en materia, sabemos que la infancia de Edward Theodore Gein, nacido en 1906 en Wisconsin, pasa por la rigidez educativa de una madre que aborrece a los hombres bebedores, lascivos y ateos como el que fuera su marido, el padre de Ed, además de la frustración que a Augusta le supone haber tenido dos hijos varones en lugar de una hija. Si ya el nacimiento del hijo mayor, Henry, le supuso desagrado, el nacimiento de Edward en lugar de una niña, la desalentó completamente. No estaba en sus planes que sus hijos fuesen hombres impuros. Además, el negocio familiar, una frutería, termina siendo propiedad de Augusta y su marido pasa a ser un simple empleado dada su adicción a la bebida y a frecuentar locales de alterne. De esta forma, la madre de Ed se encarga de mantener a la familia, imponiendo la citada disciplina a sus hijos cuando lo cree necesario: castigos constantes, insultos, agresiones... de modo que consigue que jamás sus hijos conozcan el amor de pareja.

Años después, 1913, se trasladan a un rancho a diez km de la ciudad de Plainfield, para evitar según Augusta las malas influencias de la ciudad. En el rancho había mucho trabajo, y la madre de Ed organizaba las tareas. En una ocasión, al asomarse Ed al matadero, vio a su padre sosteniendo a un cerdo atado que Augusta destripaba hábilmente. Aquello marcará en Ed una imagen de su madre con un delantal manchado de sangre y barro que nunca será capaz de olvidar, y que años más tarde describirá muy detalladamente a la policía cuando es detenido y presta declaración en las dependencias policiales.

A partir de este momento, desarrolla un cínico sentido del humor, se aficiona a libros de corte neonazi y revistas de crímenes, a la vez que desarrolla una gran aversión por la sangre. La influencia negativa de su madre cada vez es más patente: impide que tenga relaciones sociales, lo aleja de sus amistades para salvaguardar la pureza moral de sus hijos, citando constantemente pasajes de la Biblia. De este modo, Ed, al contrario que su hermano Henry, crece con una visión distorsionada del mundo, en el que todas las mujeres, excepto su madre, eran de baja ralea. Así las cosas, no habla con chicas, y además deja de hablar con los chicos de su edad.

Su padre, George, comienza en esa época a ponerse más agresivo con Augusta, a comportarse de forma violenta y maltratarla habitualmente. Augusta, no se defendía, sino que rezaba arrodillada. Estos episodios fueron continuos hasta la muerte de su esposo por un ataque al corazón. Una vez tiene lugar la muerte de su esposo, Henry, el hermano mayor, comienza a oponerse de plano a la imposición doctrinal de su madre, lo que suponía el pecado más grande que se pudiera llegar a cometer. A pesar de sus muchos intentos, Henry jamás logró que Ed se diera cuenta de la nefasta influencia de la madre en la educación de ambos, lo que aleja a los hermanos a partir de ese momento. Unos años más tarde, Henry muere en extrañas condiciones mientras él y Ed trataban de sofocar un incendio cerca de la granja. Aparentemente Ed perdió de vista a su hermano durante el incendio y acudió a la policía para que le ayudasen a buscarlo, y sin más fue capaz de guiar a los agentes directamente hasta el cuerpo sin vida de su hermano. Su cadáver presentaba varios golpes, pero finalmente se concluye que la muerte de Henry se produce por asfixia y que los golpes pudieron producirse mientras intentaba escapar del fuego, por lo que el caso fue cerrado como accidental.

Tras estos hechos, Augusta sufre un ataque al corazón quedando su salud mermada y al cuidado más extremo por parte de su hijo pequeño. Al año fallece, y Ed mantiene la habitación de su madre como un mausoleo en su recuerdo. Años después, en sus declaraciones, afirmará que durante años continuó escuchando la voz y los sermones de su madre en su cabeza. Seguidamente, comienza a modificar sus costumbres. Lee libros de anatomía, deja en barbecho a cambio de un subsidio las tierras de su rancho para el gobierno, y se dedica a ayudar a sus vecinos en las tareas del campo, ya que Ed es considerado un pobre muchacho (ya de treinta y nueve años) por sus vecinos, que pensaban que era un excéntrico fantasioso.

Las desapariciones comienzan a sucederse de Plainfield: 1947, Georgia Weckler, 8 años; 1952,Victor Travis y Ray Burguess mientras cazaban ciervos; 1953, Evelyn Hartley, 15 años; 1954, Mary Hogan, propietaria de la Taberna que lleva su nombre; 1957, Bernice Worden, propietaria de una de la ferretería del pueblo, además de los cadáveres que profanaba de las tumbas leyendo las esquelas de los periódicos para saber dónde serían enterrados los cuerpos y poder acceder a ellos la noche de su entierro, como más adelante él mismo explicaría en sus declaraciones policiales. Este hecho sumado a la cantidad de cuerpos desmembrados hallados en el interior de su granja al producirse su detención debido a las desapariciones de Hogan y Worden, mujeres muy conocidas por sus negocios y apreciadas por toda la comunidad, cuestión que motiva las indagaciones policiales, hacen imposible determinar el número de cuerpos que se encontraron en el rancho de Ed, así como la imposibilidad de poder identificarlos a todos ellos.

Cuando es detenido y pasa a dependencias policiales, Ed Gein declara que sentía un deseo irrefrenable de profanar tumbas de mujeres. No siempre se llevaba cuerpos enteros, a veces sólo una cabeza, pechos, nueve vaginas, una pierna o "un par de bonitas manos". Reconoce no haber mantenido relaciones sexuales con los cuerpos "porque olían muy mal". Igualmente explica haberse informado del precio de una operación de cambio de sexo, pero era un precio imposible de pagar para él, por lo que había suplido esa necesidad por disfrazarse de mujer confeccionándose trajes con la piel de los cadáveres. De esta forma podía sentirse femenina y podía bailar y cantar suavemente, desfilar como un modelo y contonearse.

Las exploraciones realizadas a Edward Gein por los expertos profesionales arrojaban que se trataba de un sujeto con un CI apenas por encima de la media, y con dificultades para expresarse en términos simples. Su trastorno emocional lo lleva a comportarse de forma poco racional, con periodos relajados en los que parece existir el complejo de culpa. Sus deseos sexuales se confunden con el dolor por la pérdida de su madre, que aún era muy profundo y el miedo a trasgredir el código moral que le había sido inculcado por esta. Se trata de una manifestación de psicosis profunda, trastorno mental enraizado con la anormal relación mantenida con su madre, cuestión que se refleja en las víctimas, pues la mayoría guardaban extraordinarios parecidos con Augusta, de la que buscó en su infancia un amor maternal que nunca se produjo y que ella negaba sistemáticamente, por lo que desarrolla un carácter resentido con las mujeres.

Ed pensaba que Bernice Worden y Mary Hogan, por quienes únicamente fue juzgado, merecían morir, aunque no fueran necesariamente malas personas, ya que él de alguna manera estaba convencido de que estaban destinadas a encontrarse con él. Finalmente, no pudo ser imputado y fue ingresado de manera indefinida en el Hospital Central del estado de Waupun (Wisconsin), donde fue un enfermo modelo, nunca tuvo altercado alguno con otro interno ni necesitó sedantes. Años más tarde se revisaría el caso de Bernice Worden, aunque sin éxito, ya que el resultado fue el mismo que se produjera años anteriores sobre el estado mental de Ed Gein, que al parecer seguía sufriendo una psicosis profunda resultado de la enfermiza relación con su madre, por lo que el cuadro persistía y no se podía asegurar que en cualquier momento no pudiera volver a sufrir un brote violento.

Fue trasladado en 1979 al Instituto Mendota en Madison (Wisconsin), donde se hallaría el cuerpo sin vida de una interna, Helen Lows, de ochenta y seis años, muerta a golpes en su habitación después de arrancarle el cuero cabelludo. En esta ocasión, sería Pervis Smith, un interno que había entablado amistad con Gein y con quien hablaba habitualmente de homicidios, máscaras mortuorias y disecciones. Para Smith, matar a Lows había sido la mejor forma de rendir homenaje a su amigo. Edward Thedore Gein murió el 26 de julio de 1984, y sus restos se encuentran enterrados en el cementerio de Plainfield junto a los de su madre. Su rancho apareció carbonizado una mañana tras conocer el vecindario que se estaba preparando un museo por parte de unos comerciantes para exponer las "obras" del afamado asesino.

7.- Galán, Alfredo: *El asesino de la bajara*

TIPOS DE PSICOPATAS:

¿Qué es un psicópata?

> *"No fue poca sorpresa encontrar muchos maníacos que en ningún momento dieron evidencia alguna de tener una lesión en su capacidad de comprensión, pero que estaban bajo el dominio de una furia instintiva y abstracta, como si fueran sólo las facultades del afecto las que hubieran sido dañadas".*
>
> P. Pinel, 1801.

Schneider, 1934, discípulo de Kraepelin, 1903, como apuntábamos en líneas anteriores, describe las personalidades psicopáticas en su obra "Die Psychopathischen Personlichkeiten" como "aquellas personalidades anormales que a causa de su anormalidad sufren ellas mismas o hacen sufrir a la sociedad"

La existencia de subtipos de psicópatas o personalidades psicopáticas, comprendiendo que no existe "el" psicópata, tal como afirmaba

Göppinger en 1975, sino que es muy difícil encasillar y demarcar un solo tipo de psicopatía.

Hay psicópatas integrados que no cometen ilícitos propiamente dichos pero que arruinan las vidas de los que les rodean, y psicópatas que tienden a la agresividad y a la violencia, siguiendo una carrera criminal.

Los rasgos más comunes son la mentira, la ausencia del miedo al castigo impuesto, puesto que no aprenden de él, la ausencia de arrepentimiento por las cosas mal hechas o el daño causado a otros, el egoísmo, la astucia, y sobre todo el disfrute que le supone ver sufrir a otros. De esta forma, es el conjunto de la actitud del sujeto y no un rasgo aislado que conlleve un hecho aislado, sino conjunto entendido como tal.

Robert Hare, 1991, establece una tipología de psicópatas, estableciendo tres subtipos diferenciados:

Psicópata primario: que presenta una respuesta afectiva deficiente, conducta antisocial, encanto superficial, ausencia de delirios o pensamiento irracional. Se caracteriza por insinceridad, ausencia de empatía y remordimiento, incapacidad para aprender de experiencias pasadas, egocéntrico, incapacidad para amar, manipulador, mentiroso, etc.

Psicópata secundario: capaz de establecer relaciones afectivas, sentir culpa, pero caracterizado por alta ansiedad y neuroticismo.

Psicópata disocial: ambientes marginales, antisocial debido al factor ambiental. Puede formar parte de un grupo al que es leal, y puede sentir culpa y afecto, pero no remordimiento.

Theodore Millon 1998, establece el psicópata carente de principios, solapado, tomador de riesgos, codicioso, débil, explosivo, áspero, malévolo, tiránico.

Garrido Genovés, 2012, nos habla de que cuanto mayor es la intensidad del carácter psicopático, mayor es la posibilidad de cometer actos de carácter antisocial y delictivo, y nos hace referencia al tipo de psicópata marginal, que es aquél que constantemente reincide en la comisión de delitos criminales, y presenta una carrera delictiva. Por otra parte, nos habla del tipo psicópata integrado, sujeto más peligroso que el marginal, ya que vive "camuflando" su conducta en la sociedad. Actúa con total "normalidad" en el entorno en que se desenvuelve, y a su vez se dividen de un lado, en el psicópata delincuente, aún no descubierto, que mantiene un estilo de vida aparentemente normal, como es el caso de los asesinos en serie, que son amables con sus vecinos, tienen un trabajo, son cumplidores con sus obligaciones laborales o cuidan de sus mayores, etc. Y de otro lado, tenemos al psicópata integrado, vuelca su frustración en las personas de su entorno con las que convive, trabaja o se relaciona, amargándoles la vida.

Nos habla también del psicópata carente de principios, narcisista, anormal, actitud temeraria y arrogancia. Actúan dentro del límite de la legalidad. Disfrutan de estafar y explotar a terceros. Vengativos. A partir de aquí, hay una serie de subtipos como son: el solapado, que oculta resentimiento tras una apariencia amigable. Se autoconvence de que sus intenciones siempre son buenas, no admite exigencias. Muestra tendencias impulsivas; relaciones superficiales y cambiantes. El tomador de riesgos, que necesita motivación por lo que suele involucrarse en actividades peligrosas; impulsivos, irresponsables. El codicioso, aquél que quiere que le sea devuelto aquello de lo que el destino le ha privado, y quieren lo que consideran que merecen. Se apodera de los logros ajenos para satisfacer su ansia de reconocimiento. Nunca están satisfechos con lo que han conseguido. En el campo empresarial pueden localizarse sujetos con estas características. El débil, cuyos actos delictivos son cometidos para demostrar que no tienen miedo, aunque en realidad sí lo tengan, y atacan antes de ser atacados por el pánico que sienten, por lo que su imagen de seguridad y confianza en sí mismos no se corresponde con la realidad.

Algunos más son, el explosivo, pues actúan de forma súbita e imprevista de agresividad –de ahí su nombre-, y no de forma instrumental y cuya finalidad es la de descargar sentimientos reprimidos de humillación. Sensación constante de frustración. El áspero, aquél psicópata que expresa su frustración de manera pasivo-agresiva; con una actitud reivindicativa constante. También con ausencia de remordimientos. En ocasiones presenta rasgos paranoides. Se quejan de que no se les aprecia y quieren llevar siempre la razón pues los demás están equivocados y ellos siempre en lo cierto. El malévolo, sujeto muy vengativo y hostil, muy impulsivo, temerario, carente del sentimiento de culpabilidad, destructivo de la vida social, desprecia los derechos de terceros; crueldad, arrogancia, frialdad, deseos de venganza por el sufrimiento real o inventado, actual o de la infancia. Y para finalizar, el tiránico, que junto al malévolo, es el subtipo más cruel. Sin embargo, este se estimula por la resistencia o la debilidad. Agresividad física y crueldad. Disfrutan del miedo que causan en su víctima, pudiendo incluir en sus conductas cierto sadismo.

Vista esta clasificación de psicópatas de algunos autores significativos y expertos en la materia, pasamos a analizar al siguiente asesino que presenta, a mi modo de ver, toda la variedad de asesinos múltiples: serial en ocasiones, y frenético y en masa al mismo tiempo.

Alfredo nace en 1978, en Puertollano, Ciudad Real. Es el cuarto de cinco hermanos. A los ocho años, queda huérfano de madre que fallece al dar a luz a la pequeña de la familia. Comienza entonces a cambiar su carácter pasando de ser un niño alegre y sociable a volverse serio e introvertido. De su educación se encargan desde entonces su padre y sus abuelos.

Alfredo no terminará los estudios de secundaria y comienza a beber desde adolescente. A los veintiún años, se alista al ejército y asciende hasta el empleo de Cabo Primero. A los veintitrés años, forma parte en dos ocasiones del contingente español en Mostar (Bosnia Herzegovina), cumpliendo labores de ayuda humanitaria. Durante su servicio con las Fuerzas Armadas no parecía haber logrado el éxito que tanto buscaba. No sólo con las mujeres, con las que tenía poco éxito, sino en su propia unidad, donde esperaba ser reconocido notablemente por su entrega, aunque en realidad, nunca llegase a ser un soldado que realmente destacase en nada en concreto, ni trabajase de forma más significativa que cualquier otro compañero, por lo que Alfredo estaba desilusionado. Además, bebía constantemente, se emborrachaba a menudo y no resultaba una persona cercana, por lo que su entorno laboral tampoco veía en él alguien de confianza. Tras finalizar la última de sus misiones internacionales, es enviado, sin mediar el permiso de descanso obligatorio tras misión internacional, es enviado a Galicia a colaborar en las misiones de limpieza con motivo de la catástrofe del Prestige. Corrían entonces finales de 2002, principios de 2003. Comienzan aquí lo que parece una serie de brotes psicóticos, comienza a comportarse de forma agresiva, intenta robar un coche, y además había llegado muy cambiado, según describía su familia, tras la última misión en los Balcanes: Si antes era ahorrador, ahora despilfarraba mucho dinero, pasaba horas sentado viendo la televisión viendo películas violentas y programas de sucesos, corría a gran velocidad por la carretera, y les enseñó una pistola que había traído de los Balcanes el día de Nochebuena.

Durante su estancia en Galicia discute constantemente con sus mandos, por lo que estos deciden, en lugar de provocar ningún enfrentamiento, trasladarlo al Hospital Militar de la Defensa Gómez Ulla, en Madrid para que sea tratado. Allí se le diagnostica un cuadro de neurosis y enajenación mental. Alfredo, con el objetivo de salir del hospital lo antes posible, se compromete, junto con su familia a tomar la medicación prescrita. Se le abre entonces un proceso para dar de baja sus servicios en las Fuerzas Armadas, y a los quince días, pasa a la situación de reservista desactivado. Se traslada con su familia a Puertollano, pero la presión y el control que su familia ejerce sobre él, que no era sino una supervisión constante de su estado de salud, supone que Alfredo decida irse a vivir con su padre. Intenta entrar en la Guardia Civil, pero no es admitido y finalmente termina ejerciendo de vigilante de seguridad en una tienda en el aeropuerto de Madrid. Comienzan entonces en 2003 una serie de asesinatos que se elevan a seis víctimas en cincuenta y cuatro días:

El primero se produce el 24 de enero de 2003, en la Calle Alonso Cano, 89 de Madrid, donde da muerte de un disparo en la nuca a Juan Francisco de 50 años, casado y con seis hijos, portero del inmueble, en el interior de su vivienda y ante la mirada de su hijo de 2 años, al que obliga a arrodillarse.

El 5 de febrero, cerca de Alameda de Osuna, tras haber dejado la medicación y beber en exceso, da muerte a Juan Carlos, de 28 años, empleado de la limpieza del aeropuerto de Barajas, a la salida del trabajo mientras esperaba en la parada del autobús. Alfredo se sitúa detrás de la víctima y le ordena arrodillarse como hiciera con su víctima anterior y lo ejecuta.

Junto al cadáver es hallada una carta con un As de Copas, lo que se asocia a los asesinatos cometidos por el Francotirador de Washington, que en su caso dejaba cartas del Tarot con mensajes para la policía, lo que hizo suponer a los investigadores que tal vez el asesino conociese el caso y hubiese decidido "firmar" sus asesinatos.

El mismo 5 de febrero, apenas 12 horas después del asesinato que había cometido en la parada del autobús, Alfredo va al Bar Rojas de la Calle Río Alberche, en Alcalá de Henares, y nada más entrar muestra la Tokarev a Mikel, el camarero de 18 años, y le dispara a bocajarro en la frente.

A continuación dispara contra una clienta que habla por teléfono en el local, Juana Dolores de 50 años, viuda y madre de tres hijos, quien muere en el acto. Sin esperar más, atenta contra la vida de Teresa, la dueña del bar que acababa de ver morir a su hijo Mikel, y que intentaba huir por el almacén. Dispara contra ella en tres ocasiones, y Teresa finge estar muerta, lo que hace que Alfredo huya convencido de haberla matado. En esta ocasión, no deja ninguna carta en la escena, pero las coincidencias observadas en la escena, indicaban claramente que se trataba del mismo agresor.

El 7 de marzo, en Tres Cantos, entre las 2:30h y las 3.30h de la madrugada, ataca a Santiago Eduardo, estudiante de 27 años ecuatoriano que estaba haciendo un Máster en España, al que dispara en la cara. Sin embargo, no muere, y tras una serie de operaciones consigue reconstruir la mandíbula. Santiago iba acompañado de una amiga que afortunadamente salva su vida ya que se encasquilla el arma cuando Alfredo intenta dispararla a ella también. En la escena deja un dos de copas. En esta ocasión, Eduardo, observó a Alfredo mientras se acercaba a ellos, pero nunca se percató de que tenía un arma hasta recibir el disparo, por lo que, cuando lo tuvo delante pudo fijarse en su cara en lugar de fijarse en el arma, lo que facilitó tiempo después su descripción física a la policía, pudiendo realizarse entonces un retrato robot del sospechoso.

El 18 de marzo, en Arganda del Rey, a las 20.45h, dispara y mata al matrimonio rumano Gheorghie y Doina al volver de la iglesia. Deja un tres y un cuatro de copas. Balística confirma que los casquillos recogidos en las escenas del crimen se habían disparado por la misma marca o el mismo modelo de arma, una Tokarev TT-33 del 7,62. Esta es una pistola rusa diseñada durante la década de los treinta, muy utilizada durante la IIGM. Se trataba entonces de una pistola en desuso y propia de coleccionistas, por lo que debía proceder de Europa del Este.

Durante los meses de verano, dejan de cometerse asesinatos. El 3 de julio de 2003, Alfredo, que había vuelto a su casa de Puertollano, bebió mucho y se presentó en la comisaría de Puertollano borracho y afirmando ser el Asesino de la Baraja. Entre sus declaraciones, que en principio no eran tomadas como creíbles dado el estado de embriaguez que presentaba, fueron tomando forma a medida que avanzaba en sus declaraciones: explicó que utilizaba guantes en sus asesinatos para no dejar huellas en las cartas que dejaba en las escenas, pero como el calor le hacía sudar las manos, había decidido dejar de matar en verano y retomar sus asesinatos en invierno. Explicó que introdujo ilegalmente la pistola en España ocultándola en el interior de un televisor combi para evitar los controles militares. Añadió en su declaración que dejaba un punto marcado con un rotulador azul detrás de cada carta, excepto en la primera puesto que él no la había dejado junto al cadáver de Juan Carlos, pero que a partir de ser llamado el asesino de la baraja, decidió continuar con el juego. Explicado este último punto de cómo marcaba las cartas, la policía de Puertollano contacta con la Brigada de Homicidios de Madrid, que le confirma lo que Galán había confesado respecto a la marca azul en el dorso de las cartas, e inmediatamente se desplaza una Unidad a Puertollano. Tras haber declarado e inculparse en los crímenes, en el mes de septiembre, decide retractarse de su autoinculpación y declara que la pistola la había vendido a unos "cabezas rapadas", y que ellos eran los culpables de los asesinatos. Declara que se había auto inculpado porque había recibido amenazas de dos personas que era incapaz de identificar, pero que le habían dicho que si no se entregaba, sus hermanas sufrirían graves daños y que incluso iban a morir. Sin embargo, a pesar de estas declaraciones, se contaban con demasiadas pruebas inculpatorias directas contra Alfredo, por lo que fue encarcelado en la prisión de Herrera de la Mancha, Ciudad Real, a la espera de juicio, siendo el primer español juzgado como asesino en serie en nuestro país.

Los forenses que lo examinan declaran que Alfredo Galán no presenta ninguna patología estrictamente psiquiátrica. Sólo le diagnostican un trastorno adaptativo de la personalidad, y ciertos rasgos paranoides. El trastorno de la personalidad, como hemos visto, es un conjunto de perturbaciones o anormalidades que de presentan en el campo emocional, afectivo, motivacional y de relación social. Alfredo, es diagnosticado de personalidad esquizoide, antisocial y narcisista. Piensa que matar a alguien no tenía por qué ser malo. Se considera un apersona tranquila y educada, y se sorprende de lo fácil que es ser un asesino. Se siente emocionado por tener siempre a su lado a posibles víctimas, lo que le supone un estímulo. Cuando comete los crímenes es un sujeto muy desorganizado, no muestra inteligencia y se observa mucha impulsividad en las escenas y a la hora de cometer los crímenes. Mata cuando tiene oportunidad, no se deshace del cuerpo y ataca sorpresivamente a sus víctimas.

Galán muestra diferentes rasgos de distintos tipos de psicópatas, desalmado, pues carece de sentimientos básicos como compasión, vergüenza, sentido del humor, remordimientos, conciencia ni antes, ni durante, ni después de cometidos los asesinatos. Abúlico, pues se centra en su labor con mucha facilidad y falta de voluntad propia y se considera un "instrumento" para la comisión del hecho delictivo.

Reconoce además que existiera algún móvil que le llevase a matar a esas personas en concreto, y en general al hecho mismo de matar, sino que mataba *por el mero placer de matar*", y no le afectaba quitarle la vida a otra persona, ni le producía ningún sentimiento, ni ningún tipo de sentimiento o conmoción interior alguna.

8.- Hindely, Myra - Brady, Ian:
Los asesinos del Páramo

La archiconocida tragedia griega de Eurípides describe lo que en psicología se denomina el Síndrome de Medea para referirse a aquella mujer que mata a sus propios hijos con la sola intención de causar sufrimiento y castigo a su esposo, y que en la actualidad también es aplicable al padre, como sucedería en el conocido caso Bretón en 2011. Peinado Vázquez señala que *«Medea asesinó a sus hijos de una manera que se ha considerado premeditada, consciente y racional, lo cual la ha convertido en el símbolo del mal».*

Podemos trasladar aquí una parte de la teoría expuesta en el capítulo uno sobre las mujeres asesinas, ampliándola en lo referente al perfil criminal de este tipo de agresoras. La figura de la mujer asesina no se prodiga en el ámbito de la criminología, y las mujeres también delinquen y, en consecuencia, también asesinan, el estudio del fenómeno criminal ha ido siempre encaminado a la psicología criminal del hombre. Pero si echamos una vista atrás, en la historia criminal, se pueden encontrar no pocas asesinas en serie: Aileen Wournos, "Monster", que veremos en el último capítulo; Beverly Allitt, "el ángel de la muerte" con la que comenzamos nuestro análisis en el primer capítulo; Remedios Sánchez "la asesina de ancianas", que quizá analicemos en próximas publicaciones; o Myra Hindley (pareja de Ian Brady) que veremos en breve. Todas ellas, se corresponden con el tipo de depredadoras, pues albergan cierta fantasía en su mente que les lleva a matar. Otras ya mencionadas, las viudas negras, Ángeles de la muerte, Infanticidas, etc. Según Rey Tizón, 2020, la figura de la mujer asesina es un fenómeno que no se prodiga mucho en el ámbito de la criminología, y aunque es cierto que las mujeres también delinquen y, en consecuencia, también asesinan, el estudio del fenómeno criminal ha ido siempre encaminado a la psicología criminal del hombre. Por tanto, en lo referente al perfil genérico de las mujeres asesinas, se pueden destacar una serie de características, que no las alejan del perfil masculino:

✓ Rasgos psicopáticos muy parecidos a los del hombre.

✓ Muy ambiciosas, carecen de empatía, necesidad de control absoluto.

✓ Menos violentas que los hombres.

✓ No suelen cometer homicidios de carácter sexual.

✓ No suelen utilizar armas de fuego o blancas.

✓ Planean el crimen meticulosamente.

✓ Llevan a cabo conductas antisociales, frecuentes cambios emocionales, pero no son impulsivas como el hombre, son más pacientes y meticulosas.

✓ El móvil de sus actos delictivos suele ser el dinero, la venganza, después el control sobre las personas y la dominación sexual.

✓ Suelen a matar a personas que conocen, si no entablarán amistad previa.

✓ No se aprecia el rasgo de episodios turbulentos durante la infancia.

En lo referente a esta pareja penal, que mata de forma cómplice, que premedita y establece un M.O. concreto de actuación, uno de los elementos fundamentales que llevan al éxito delictivo, entendido este desde esta misma óptica, es la motivación sádica y la dependencia emocional de Myra respecto de Ian Brady – propia también de las asesinas seriales de tipo depredadora-, y que a continuación se expone.

Ian Brady y Myra Hindley forman la pareja de los asesinos del páramo de Saddleworth. Entre

1963 y 1965 asesinan a seis menores de entre 10 y 17 años. Él, esquizofrénico paranoide, desde pequeño muestra síntomas psicopáticos: maltrato animal, elevado narcisismo, egocentrismo, sadismo, ausencia de arrepentimiento, de empatía, de asunción de responsabilidad alguna y disfrute del dolor ajeno. Algunas teorías apuntan a tendencias homosexuales, pero lo cierto es que mantiene relaciones con Myra Hindely a la que convierte en su compañera en lo que él llama "ejercicio existencial" refiriéndose a sus asesinatos. Su madre reniega de él, lo que le supone continuos ataques de ira, durante los que llega a golpearse la cabeza contra la pared. Lo da en adopción y lo visita hasta los 12 años. Inadaptado de su grupo de iguales, comienza a llevar una vida de violencia. Tendencias sadomasoquistas, Marqués de Sade, abraza el Nacismo, toma la apariencia física de un Nazi. Practica el maltrato físico y psicológico a sus compañeras, a las que les excita este tipo de prácticas.

Myra Hindley, acostumbrada a la violencia y al sometimiento desde pequeña, desarrolla una personalidad dependiente, debido a los malos tratos que sufre por parte de su padre. Enviada a casa de su abuela al nacer su hermana menor, Se convierte al catolicismo y desea encontrar al "hombre especial" de su vida. Es una niña bondadosa, buena, tranquila, cuida niños, y se siente feliz. Desafortunadamente, una tarde, mientras se hacía cargo del pequeño Michael, este le pide ir a nadar a l lago, pero Myra no está muy animada, y le autoriza a ir sólo. Tristemente, Michael muere ahogado esa tarde en el lago. Myra entra en depresión. Se descuida, deja los estudios. Pasa una temporada sin salir de casa, y en ese punto tan complicado de su vida, tras la muerte de Michael, comienza a trabajar en la fábrica local, donde conoce a Ian mientras trabaja de secretaria. Ian la que convierte inmediatamente en su compañera de viaje, en lo que él llama "ejercicio existencial" refiriéndose a sus asesinatos. Ella entonces, modifica su aspecto, deja el catolicismo y dice convertirse en atea. Acostumbrada a la violencia y al sometimiento desde pequeña, desarrolla una personalidad dependiente, debido a los malos tratos que sufre por parte de su padre.

Desde el primer momento en que ve a Ian se enamora de él, y sucumbe a sus peticiones sin poner objeción alguna, e incluso en su obediencia abraza el Nacismo. El MO de la pareja consiste en que Myra, atraiga a los niños que están solos y la acompañen a los páramos de la zona ayudándola a buscar algún objeto que ella dice haber perdido. Su aspecto sencillo y cercano, es la excusa perfecta para evitar que los niños sospechen de la maldad que entraña la invitación de Myra. Llegados al páramo, allí les espera Ian, que los golpeaba, violaba y estrangula, mientras ella fotografía a las víctimas o las graba mientras piden ayuda y lloran. Para ellos es el momento más excitante. Después eran enterrados, y objeto de múltiples visitas al lugar de los hechos, donde mantenían relaciones sexuales sobre las tumbas de sus víctimas, donde visualizaban las imágenes tomadas mientras habían sido torturadas, lo que les producía gran excitación.

Más adelante, cambiará el lugar de la escena, habremos cambiado pues el M.O., imprescindible en cada acto criminal y necesario para llevar a término el crimen en cuestión, pasando a ser la casa de éste, donde también torturaban a sus víctimas mientras grababan sus gritos y su sufrimiento, y finalmente los enterraban en el páramo.

En 1965, Ian y Myra, intentan que el cuñado de ésta participe en los asesinatos, ofreciéndole un hacha para matar a la que sería su última víctima y que tenían cautiva en casa. Este se niega y denuncia los hechos a la policía, lo que lleva a la detención de estos.

Podemos resumir los hechos descritos con el siguiente análisis:

Perfil Victimológico

Poder/Control y placer sádico

- Menores

- Van solos

- Confiadas.

- El adulto se ofrece a acompañarlo.

- Lo conocen

- Tortura, violación.

- Estrangulamiento con un cable.

- Hachazos en la cabeza a una de las víctimas.

Perfil criminal

•Depredador

•Asesino serial organizado.

•Psicópata Sádico.

•Parafilia sádico sexual.

•Narcisista - baja autoestima.

•Graves distorsiones cognitivas.

•Sin empatía.

•Sin sentimiento de culpa.

•Extremadamente violento y peligroso.

•Imposible la reeducación.

•Elevada posibilidad de reincidencia.

Condena:

•5 Asesinatos probados

•1966 - Cadena perpetua. Myra no puede tener contacto con el exterior.

•Fallece 2002. Insuficiencia respiratoria.

•1971 - rompe contacto con Ian

•1985:

Ian Psiquiátrico. Diagnostico: Esquizofrenia y desorden de personalidad.

Fallece 2017. 79 años.

Escribe auto-biografía que se publicará sólo a su muerte.

Víctimas
Pauline Reade, 16a
John Kilbride, 12a
Keith Bennett, 12a
Lesley Ann Downey 10a
Jennifer Tighe
Edward Evans

9.- Kemper, Edmund:
El asesino de colegialas

"El psicópata es un modo de ser,
una personalidad especial,
pero no una enfermedad mental o psicosis"
José Antonio Jáuregui, en
Garrido Genovés, 2000

Cualquier persona, no sólo los asesinos en serie, pretenden hacer realidad sus deseos y necesidades. Lo significativo es que, según Skrapec, 2000 citado por Sanmartín y Raine 2002 (en Jiménez Serrano, 2014), los asesinos en serie lo consiguen a través de la violencia, por lo que, para ellos, el asesinato y la violencia tienen su utilidad. Así, centrándose en las experiencias individuales y en cómo narran los AS sus crímenes, se puede observar la forma en que estos agresores organizan su vida, nos permiten entender cómo se sienten y qué significa para ellos matar. Como tales, no son muy distintas de la motivación que tienen las personas no criminales, pero con la diferencia de que los AS, justifican su comportamiento criminal.

Según sus estudios, las motivaciones de estos agresores pasan por:

Venganza-justificación.

Todos los asesinos en serie se consideran víctimas y justifican su violencia en función del maltrato sufrido por ellos durante su vida, lo que les había provocado un cúmulo de ira y odio que descargan en sus víctimas. De esta forma, racionalizan sus acciones, auto-exculpándose y siendo conscientes a la vez del daño ocasionado.

Presentan empatía cognitiva con su víctima, pero no emocional, comprendiendo el daño que les hacen, pero sin sentir nada por ellas (cosificación), lo que no les inhibe de sus actos.

Según la teoría de Maslow, 1943, la necesidad de supervivencia y autoprotección frente a quienes le producen el daño que ellos perciben está distorsionada, e identifican que asesinar en protegerse para reparar el mal que se les ha hecho, dentro de sus propios criterios de justicia y moral.

Control y poder.

Es una sensación buscada constantemente por este tipo de agresores, que necesitan un control y poder que se corresponda con sus fantasías, donde en realidad se sienten más importantes que en el día a día. Así, por medio del asesinato, logran esa sensación de omnipotencia. Según Mc Clelland 1989 (en Jiménez Serrano 2014), el poder que necesitan experimentar se debe a la baja autoestima y los complejos que tienen en realidad, lo que les hace sentirse insignificantes, por lo que sus fantasías es el único espacio en el que pueden ser "alguien" superior que puede decidir otorgar vida o muerte.

El problema es que la fantasía termina por ser insuficiente y necesitan que se convierta en una realidad, razón por la que finalmente deciden dar el paso al asesinato, donde esa superioridad toma cuerpo y se convierte en realidad, y esa sensación de poder le genera adicción, de manera que cuando los efectos psicológicos del primer crimen comienzan a desaparecer y vuelve a encontrarse de cara con su vida diaria, necesita cometer un nuevo asesinato, ansioso por sentirse nuevamente en posición dominante y omnipotente.

Sentirse vivos:.

En sus declaraciones los AS afirman sentirse vivos cuando matan; sienten un éxtasis eufórico, una ira violenta que les provoca sensación de placer al matar e inmediatamente después les sobreviene una sensación de calma y a continuación alivio. Pasados estos momentos, en muchas ocasiones se apodera de ellos una sensación de intranquilidad y miedo que va en aumento, por lo que para calmarla recurren a las drogas o nuevamente a sus fantasías. Por esa razón, recurren a los objetos que han robado de sus víctimas a fin de poder revivir el hecho y la sensación placentera que habían sentido, hasta que sólo rememorar el asesinato deja de aportarles satisfacción, y nuevamente se deciden a matar para experimentar de nuevo el placer ansiado.

Estas necesidades, de estima y autorrealización están también relacionadas con las necesidades reflejadas en la pirámide de Maslow, 1943 (en Jiménez Serrano, 2014), que relaciona la necesidad de estima con el amor propio, la autoestima y la autovaloración que se encuentran muy deterioradas en los asesinos en serie y que sólo la violencia les permite superar, entendiendo erróneamente que esta es la forma adecuada de recuperarlas y que además necesita del reconocimiento y la estima de terceros.

Esta es la razón por la que el AS busca el reconocimiento, la fama, la superioridad y el éxito con sus crímenes. Para conseguir esa fama, suele beneficiarse de los medios de comunicación para enviar sus misivas, o enviar mensajes a la policía. En otras ocasiones se entregan ellos mismos cuando se imputan sus asesinatos a otros criminales o cuando sienten que han dejado de prestarles atención. La autorrealización en los AS se basa en la necesidad de sustitución de la realidad por sus fantasías ya que el mundo en que viven les resulta apático e insuficiente, insatisfactorio, lo que les hace crear una realidad paralela para convertirse en lo que quieren ser, y el asesinato sólo valdrá para cubrir temporalmente esa necesidad, por lo que la reincidencia es inevitable.

A continuación, intentemos poner en orden los hechos acontecidos en la vida de Edmund Kemper a fin de catalogar ante qué situación se encontraba nuestro asesino serial a la hora de cometer los hechos, y cuál era la motivación principal.

Las advertencias efectuadas por la policía, debido a la peligrosidad que conllevaba hacer autoestop, así como las medidas que fueron adoptadas para reducir esta práctica por parte de las estudiantes, incrementando los horarios en las líneas de autobuses en el Campus, no sirvieron de mucho a las jóvenes que frecuentaban esta forma de transporte y Kemper no tuvo problema alguno en seguir recogiendo a quienes continuaban recurriendo a este método para desplazarse. Otra de las medidas de prevención difundidas por la propia policía era que, en el caso de utilizar vehículos particulares, solo se hiciera en aquellos que contaban con pegatinas con el distintivo de la Universidad. Pero Ed, conocedor de esta recomendación, se aseguró de conseguir y disponer de ellas dado que su madre trabajaba como administrativo en esta institución, le facilitaría su trabajo y no dudó en utilizar este distintivo como reclamo.

Kemper fue detenido e ingresado en un hospital psiquiátrico a la edad de 21 años por el asesinato de sus dos abuelos, sin embargo, después fue puesto en libertad siguiendo los consejos de algunos psiquiatras que lo habían tratado.

En tan solo dos años, había decapitado y mutilado a seis estudiantes, también a su madre y la mejor amiga de ésta. En ocasiones recurría a la violación de cadáveres. En 1973 se dio por vencido y desde entonces ha estado detenido, ingresado en un hospital reformador en California. En las entrevistas mantenidas con él por parte de los forenses y psiquiatras, se observa que el sujeto cuenta con una notable inteligencia evidenciada a lo largo de sus relatos, siendo, además, destacable su correcto uso del lenguaje.

Es capaz de describirse a sí mismo, dejando entrever de forma intencionada, que padece alguna patología y esto lo hace a modo de autoevaluación psicológica:

"Viví como una persona común la mayor parte de mi vida, a pesar de que estaba viviendo una vida paralela muy enferma". *"Estoy tratando de mostrarle lo horrible que era, lo dominante que era esa furia, había una furia incrementándose. Increíbles energías positivas y negativas,*

dependiendo del ánimo, me llevaban de un lado a otro y desde afuera, me veía preocupado, otras veces parecía malhumorado, otras veces, perfectamente sereno".

Cuando se le pregunta por qué mató a esas chicas, responde:

"Mi frustración, mi incapacidad para comunicarme socialmente, sexualmente; no era impotente pero emocionalmente era impotente. Tenía mucho miedo a fallar en las relaciones hombre-mujer, no sabía absolutamente nada en esa área. Incluso, solo sentarme y hablar con una chica..."

Se muestra como una persona con pocas habilidades sociales, principalmente, en lo que respecta a sus relaciones con las mujeres. Incide en su impotencia, pero dejando claro que no se trata de una impotencia sexual sino emocional. Por eso, que alguien pueda poner en duda su capacidad sexual, con gran probabilidad, será muy ofensivo para el sujeto. Cuando se le pregunta por qué mantiene las cabezas, por qué las cortó y guardó, no duda en relatar un acontecimiento de su infancia sobre el que no habló en años y relacionado con sus padres:

"Algo sobre mi infancia. Podría poner un incidente, mi padre cortando las cabezas de nuestras dos gallinas, mi madre insistiendo que las comeríamos en la cena... (...) ... Mi padre tenía un hacha" *"Ya sabes, podría decir que fue algo así de simple. Estoy seguro de que algo quedó implementado y puede haber obtenido algo, pero a lo largo de líneas de fantasía que tomó muchos años de desarrollo; juntas todas esas líneas para producirse"*

Le sirven también, relatos de acontecimientos producidos cuando era pequeño, como cuando asistió a un espectáculo de magia y una de las actuaciones consistía en una guillotina (una falsa guillotina) en donde alguien pone el cuello: *"Una chica muy hermosa de 16 años se levanta y se reía mucho... (...) y yo quedo atrapado con esto* *"Pero el concepto era tan crudo y excitante y dije: Yo quiero ver esto..."atrapado en mi mente"*. Hace alusión a juegos infantiles con su hermana menor, relacionados con muertes y asesinatos. Todas estas manifestaciones permiten afirmar que pretende justificar, de alguna manera, su forma de actuar, ello con independencia de que se trate de hechos reales o ficticios. Es conocedor de algunas características clínicas y sintomatología de enfermedades mentales o trastornos y no duda en recurrir a ellos. Tal vez haya podido aprenderlos en terapias grupales o individuales a las que pudo haber asistido durante su ingreso en un centro psiquiátrico a la edad de 21 años, cuando fue detenido por el asesinato de sus abuelos, o unos años más tarde cuando ingresa en prisión. Ha podido escuchar opiniones de los facultativos en sus diagnósticos acerca de su estado mental una vez que ingresa en prisión, o simplemente lo ha leído en manuales especializados, incluso programas de televisión a los que era aficionado como él mismo señaló en alguna ocasión durante la entrevista, cuando relataba cómo consiguió burlar a la policía.

Sabe que el maltrato infantil tiene consecuencias psicológicas para los niños. Fue un niño maltratado y no duda en decirlo, falto de cariño y del amor de su madre, principalmente. Cuando su madre lo envía a dormir al sótano, separado de sus hermanas: *"Yo tenía que bajar al sótano, un niño de ocho años tenía mucha dificultad para diferenciar la razón de por qué debía bajar... ¿Por qué voy al sótano? ¿Voy al infierno o voy al cielo?".* Incorpora estos conocimientos en sus historias, pero no cabe duda de que son superficiales, causa por la que estamos ante un sujeto que manipula mucho el entorno y las variables que lo rodean en busca de una reducción de la pena, o incluso la exención de la responsabilidad, o a lo más favorable, el internamiento en un centro de salud mental. Su encanto, es superficial, conversador y cortés cuando quiere.

Es incapaz de amar tanto a su anterior familia: sus abuelos, su madre, sentía celos de su hermana. También será incapaz de formar una familia y amarla creando lazos afectivos.

Presenta escasez de reacciones afectivas. Sus relaciones son totalmente superficiales. Es llamativa la relación que mantiene con su madre. La describe como una mujer enferma, furiosa y muy triste, una mujer adicta al alcohol que estaba perdiendo su vida social, una persona extraña. Tanto su madre como su abuela eran mujeres fuertes y matriarcales:

"Aún amo a mi madre y es difícil para alguien comprender que maté a mi madre por amor. No es un proceso racional, es un proceso muy doloroso que no es racional y tengo que vivir con eso".

Por tanto, muestra una clara animadversión hacia la figura de su madre, a quien culpa de su comportamiento y proyecta su responsabilidad en ella. *"La odiaba, pero yo quería amar a mi madre"*. Carente de remordimientos, finge llorar al hablar de su madre.

Su vida sexual está totalmente distorsionada, incapaz de mantener relaciones, sólo consigue excitación a través de los actos violentos. Es egocéntrico, narcisista, todo gira a su alrededor y considera que él es un ser superior, controla la conversación y disfruta contando sus hazañas. No muestra ideas delirantes sobre los hechos, ni confusión, y tampoco tiene problemas de memoria. Recuerda el más mínimo detalle -que puede deberse a su excelente memoria- tal vez los anota, o simplemente, suple lagunas con falsos acontecimientos. Sin embargo, consigue un relato para él, coherente.

Al narrar su primer asesinato expone: *"Era algo que se había librado en la fantasía, actuado, sintiendo cientos de veces antes de que ocurriera"*. En otras ocasiones expresa que estaba *"Viviendo a través de una fantasía"* con lo que pretende mostrar una desconexión de la realidad.

Muestra una conducta antisocial sin motivo que lo justifique. Es llamativo el suceso ocurrido con abuelos cuando era muy joven, una exacerbada agresividad que continúa en aumento a lo largo de su vida hasta que él mismo decide no continuarla y entregarse a la policía.

Si esquematizamos la vida y asesinatos de Ed Kemper, el dibujo que resulta es el siguiente:

Datos biográficos

• Nace el 18/dic/1948 (74años)

• Condenado a cadena perpetua por 8 asesinatos (10 + 2 abuelos con 15 años)

• Altura 2,07cm / Peso: 137kg

• Madre: Clarnell: Educación rígida.

• Humillación constante a Ed.

• Duerme en el sótano porque según su madre temía por la seguridad de sus hijas.

• Divorciada, Ed le recuerda a su marido y le culpa del divorcio.

• Padre ausente: divorcio, que provoca grandes comparativas del parecido físico de Ed con su padre, razón por la cual la madre de Ed constantemente le insulta y humilla.

• Distorsión cognitiva en cuanto a las relaciones sexuales.

• Tímido, sin amigos, sin relaciones sociales.

• Juegos con cabezas de muñecas decapitadas.

• En 1964, el 27 de agosto, a la edad de 15 años mata a sus abuelos a tiros *"sólo quería ver qué se sentía al asesinar a mi abuela"*, y mató a su abuelo porque sabía que se enfadaría por haber matado previamente a la abuela.

• Internado Hospital Estatal de Atascadero y, además de hacerse amigo de su psicólogo.

•Este le permite el acceso a los historiales de otros internos, y logra "convencerlo" de que está curado y logra el alta.

•1972 y 1973, desapariciones de estudiantes de un mismo campus que hacen autostop.

•Decapita y mutila a 6 estudiantes, a su madre y a la mejor a amiga de esta.

Conductas

M.O.

•Los hechos detonan tras una discusión previa con su madre.

•Entre 1973-1974:

•Localiza a la víctima en el entorno del campus donde trabaja su madre.

•Las recoge cuando van haciendo autoestop en los alrededores de la universidad donde su madre trabaja.

•Las lleva a una zona rural aislada.

•Las dispara, las asfixia o las apuñala.

•Se lleva el cadáver a su casa donde practica necrofilia.

• Posteriormente las desmembra y se deshace de los cuerpos (barrancos, enterramiento)

•Se queda con la cabeza de una joven de 15 años y la entierra en el jardín de su casa. Guarda durante una semana la cabeza de otra de sus víctimas en su armario para mantener sexo oral. Decisión de matar a su madre. Secuencia:

•Sale una noche, llega tarde, bebido, quiere conversar con su madre...

•Esta le dice "no querrás pasar toda la noche hablando ahora no?"

•Él niega, y se va a su cuarto y se espera a que ella se duerma:

• Horas después, vuelve con un martillo y le destroza la cabeza.

•La decapita.

•Viola su cabeza.

•La utiliza como diana.

•Tira las cuerdas vocales a la trituradora (para que "deje de gritarle")

•Come algunas partes del cuerpo.

•Duerme con el cuerpo durante 4 noches.

•Sally, amiga de la madre, va a su casa la mañana del asesinato por que Ed la llama, y la estrangula.

Involución del M.O.

•Se va de casa, conduce, y como no escucha noticias sobre él, llama a las autoridades y se entrega.

Ritual

•Decapitación y violación de los cuerpos.

Perfil Victimológico

Mata por venganza y justificación.

- Jóvenes de entre 15-21 años

- Hacen autoestop por el campus.

- Sociables, chicas que tienen mucha vitalidad, y que desean entablar relaciones sociales, conocer gente, ampliar sus miras, disfrutar de la experiencia universitaria. Por tanto, no presentarán resistencia para subir al coche de un desconocido que las acercará al pueblo cercano o las llevará de un sitio a otro de la universidad.

- Confiadas, según declara, las víctimas saben que cualquiera las puede recoger en su coche y hacer con ellas lo que quiera, y aún así, ellas suben con desconocidos. "Ellas se lo han buscado".

En lo que se refiere a matar por control y poder mata a sus abuelos, su madre y a la vecina y amiga de esta.

Perfil criminal

•Asesino serial organizado.

•Psicópata.

•Planificador.

•Parafilia sádico sexual. Le gustan los zapatos de tacón femeninos.

•Necrófilo

•Practica canibalismo.

•Narcisista que encierra baja autoestima.

•Graves distorsiones cognitivas.

•Desórdenes parafílicos relacionados con la necesidad de control y dominación.

•Sin empatía.

•Sin sentimiento de culpa, ni remordimiento. "sólo quería ver qué se sentía al asesinar a su abuela

•Extremadamente violento y peligroso.

•Imposible la reeducación.

•Elevada posibilidad de reincidencia.

•Preguntado si había más víctimas: "eso lo tendréis que descubrir vosotros chicos"

Condenado por:

•Asesinato

•Canibalismo

•Incesto

8 cadenas perpetuas

A fecha en la que se escribe esta obra, Ed Kemper tiene 74 años

No acepta Libertad Condicional

•1er ingreso prisión: de 10años pasa a cumplir una pena de tan sólo 18meses

- Hospital Estatal de Atascadero

Víctimas

1964 - abuelos 15años

•Maude M. Hughey Kemper (66) - 27 de agosto de 1964

•Edmund Emil Kemper (72) - 27 de agosto de 1964

1972-1973 - 6 estudiantes/madre y la amiga

•Mary Anne Pesce (18) - 7 de mayo de 1972

•Anita Luchessa (18) - 7 de mayo de 1972

•Aiko Koo (15) - 14 de septiembre de 1972

•Cindy Schall (19) - 8 de enero de 1973

•Rosalind Thorpe (23) - 5 de febrero de 1973

•Alice Liu (21) - 5 de febrero de 1973

•Clarnell Strandberg (52) - 21 de abril de 1973

•Sally Hallett (59) - 21 de abril de 197

10.- Kuklinski, Richard:

El hombre de hielo -Iceman-

Si hablamos en profundidad de la reinserción o de la reeducación, debemos abordar la percepción de la muerte de determinados sujetos, entre ellos, los psicópatas que hacen una profesión de su gusto por dar muerte, y se convierten en los sicarios más vocacionales que podemos encontrar entre los que tienen la maldad como estilo de vida, lejos de trastornos o enfermedades mentales.

Señala Robert Hare (Sin conciencia. 2009), que para que una terapia sea exitosa es necesario que el paciente colabore de forma activa con el terapeuta, pero el paciente debe reconocer que tiene un problema. En el caso de los psicópatas, éstos no sienten que tienen problemas emocionales o psicológicos y no ven razón para cambiar su conducta, para adaptarse a unos estándares sociales con los que no están de acuerdo.

La mayoría de los programas terapéuticos, continúa exponiendo Hare, hacen poco más que darles nuevas ideas para atacar la vulnerabilidad humana. Pueden aprender nuevas y mejores maneras de manipular, pero no llegan a cambiar su propia visión como tampoco sus actitudes. No les interesa entender cómo piensan los demás, sus sentimientos y sus derechos. Concluye el autor que, los intentos para enseñar a los psicópatas a que sientan remordimiento y empatía están condenados al más rotundo fracaso; esto es aplicable tanto a una terapia individual como grupal que normalmente, el psicópata llega a controlar. Suelen valerse, además, de los programas carcelarios sobre psicología o sociología que les proporcionan conocimientos para manejar términos y conceptos (que realmente se reducen a palabras vacías de contenido) que están relacionados con aspectos emocionales y personales, pero que les permite fingir que se han rehabilitado o convertido.

Garrido Genovés señala en su obra Psicópatas y otros delincuentes violentos (2003) que Wong (2000) ha desarrollado el esqueleto de un programa de tratamiento que está diseñado con Robert Hare para la intervención con delincuentes psicópatas y que, constituye una de las propuestas más rigurosas, basada en los resultados obtenidos con el tratamiento de los delincuentes. Algunas de estas líneas que destaca el autor y que, considera puede guiar a todos los investigadores y clínicos interesados a la hora de realizar sus propios proyectos son, entre otras, que el objetivo fundamental es disminuir la frecuencia y gravedad de la conducta violenta y no la modificación de las características de la personalidad. Destaca, a este respecto, que los psicópatas son institucionalizados no por su personalidad sino por su violencia. Aquí la idea fundamental es alterar, con el tratamiento, la forma en cómo interactúa con otros y no cómo amar, ser empático o sentirse culpable; esto es, se pretende modificar su conducta y pensamientos que llevan a los actos violentos, pero no cambiar su personalidad.

Otro aspecto que se incluye en este modelo, es el refuerzo positivo para enseñar conductas y actitudes prosociales; la realización de evaluaciones de riesgo antes y después del tratamiento, cómo vencer la resistencia del psicópata aprovechando su propia naturaleza, como, por ejemplo, haciendo uso de su egocentrismo etc.

Vamos pues a analizar, tal vez una de las entrevistas realizadas por el Dr. Park Deeds en julio de 2002 al denominado "Iceman", o "el hombre de hielo", que hizo del sicariato su horrible estilo de vida, y que cobra su nombre por guardar algunos cuerpos en hielo o en arcones congelador, para evitar que la policía y los forenses pudieran fijar la fecha del deceso, ya que, la rápida descomposición de un cuerpo al descongelarse, impide determinar de manera fiable dicho acontecimiento.

Richard Kuklinski es un asesino a sueldo que cumple cadena perpetua por la comisión de más de 100 asesinatos. Admite libremente, que llevó a cabo los asesinatos a sangre fría. El doctor Park Deeds, psiquiatra reconocido mundialmente y consultor del FBI, visitó a Kuklinski en la prisión de máxima seguridad en la que se encontraba, con la intención de poder adentrarse en la retorcida mente del criminal para conocer aspectos significativos sobre su motivación y justificación de cada crimen. El doctor Deeds, llevó a cabo durante 4 días y un total de 14 horas, una serie de entrevistas abiertas y conversaciones con Kuklinski, en las que el entrevistado, se muestra colaborador y enorgullecido por ser el centro de atención y poder narrar "sus hazañas".

Del visionado de la entrevista se observa que el sujeto muestra, a lo largo de la misma, un comportamiento tranquilo y que se toma su tiempo (el que él considera necesario) para responder a las cuestiones que se le plantean. Es muy significativo el lenguaje no verbal del hombre de hielo, que constantemente se mantiene con la cabeza erguida, la barbilla elevada, las cejar arqueadas, con una sonrisa de medio lado que muestra satisfacción por los hechos cometidos, incluyendo orgullo por la habilidad con la que los ejecuta.

Se encuentra cómodo porque es un tema que controla y conoce a la perfección. Lo domina y puede manipular el relato a su antojo, a la vez que le permite revivir, una vez más, los acontecimientos.

"¿Se ve usted como un asesino?" a lo que responde "Asesino suena tan exótico". Esta respuesta le sirve para entrar en su materia, reacciona con una sonrisa desafiante, para precisar a continuación "...solo fui un sicario..." término que considera adecuado para definirse.

Cuando le pregunta por el número de víctimas asesinadas muestra una total impasividad. No le importa, si son más de 50, de 100 e incluso 200; esta última cifra le parece excesiva, pero mantiene la duda, lo piensa, responde mirando a los ojos y riendo. "Demasiados". Le divierte este juego. Reconoce que mató a gente por nada, porque alguien le miraba mal tomaba la determinación de matarlo, acuchillaba, disparaba...

Emplea un conjunto de estrategias, no verbales, con la intención de dominar la interacción con su interlocutor y poderlo manipular. Pretende entrometerse en su espacio personal y, mantener ese contacto visual con él, puede servirle para convencerlo de que dice la verdad. El menosprecio por el sufrimiento de los demás es continuo. Simplemente, la vida de los otros está en sus manos. Ante la pregunta "¿Prefería dispararle a la gente de cerca, personalmente?" responde con una leve sonrisa y sin apartar la mirada "Quería decirles, justo antes de que partan, adiós"

Ante la pregunta "¿Le gustaba mirar a los ojos?" responde:

"Quería que me miraran directamente, que sólo vieran mi carita linda, que se la lleven, que lo último que vieran fuese yo y si se lleva ese destello al más allá, a la eternidad o lo que sea, que esté pensando en mí todo ese tiempo". Sintiéndose así controlador de la vida y de la muerte de su víctima, con un marcado egocentrismo y narcisismo exacerbado.

En un determinado momento, intenta intimidar al entrevistador cuando en un momento de la conversación, a propósito de ser preguntado a la distancia a la que solía matar a sus víctimas, Kuklinski manifiesta *"Esta es una distancia larga, a la que estamos ahora. Me acercaba más..."* Esperando generar una reacción de miedo en su interlocutor, y se mantiene expectante emulando la situación que se producía con su víctima antes de asesinarla, ese contacto físico que tanto le excita, aunque no lo reconoce.

Se muestra como una persona carente de sentimientos durante la comisión de los asesinatos, por eso se define en la entrevista como loco, pero realmente no lo piensa, pues se vanagloria de cada una de sus decisiones y la forma en que mata a cada persona, sea o no por encargo. No muestra ningún tipo de sentimiento ni emoción, y lo pone de manifiesto durante la conversación, sabe que debería sentir algo porque así se lo han dicho, pero a la vez esta situación le resulta decepcionante. Se centra en sus propias apreciaciones, en aquello que le lleva a encontrase bien. El hecho de observar el sufrimiento y la forma sarcástica en que relata los hechos, revela su indiferencia hacia el dolor que le causa a cualquier ser vivo. Resulta llamativa la narración que realiza sobre uno de los asesinatos: en un momento dado, decide seguir a un hombre, que estaba con un grupo de personas, que entran en un bar, excepto el sujeto en cuestión, que decide que no puede esperar y necesita orinar en la calle. Nuestro sicario se queda fuera también, orina cerca de él, y dice al entrevistador esbozando una media sonrisa: *"lo *miré, me quité el cinturón y lo estrangulé; lo hice de una forma tal vez muy original, o quizás no, no sé".* Describe con total frialdad, paso a paso el proceso "Yo fui el árbol del cual colgaba...".

Afirma que actúa sin un propósito claro, eso es lo que menos le importa; tampoco toma ninguna medida para que el cadáver no sea encontrado, simplemente lo abandona colocándolo entre bolsas de basura. Simplemente no le agradaba que hubiera orinado en la calle, lo que le provoca enfado por algún motivo que no recuerda, o probablemente no hubiera tal enfado, pero a eso tampoco le da importancia, le resulta indiferente. Tal es su crueldad y la frialdad de sus actos.

En otro momento de la entrevista, relata que un grupo de jóvenes que conducía por la carretera comienzan a molestarlo al intentar empujarlo fuera del camino. Detiene su vehículo y se baja empuñando un arma de fuego que no duda en dirigir hacia cada uno de ellos, pero primero los mira a los ojos, los mata a todos, aunque no era su intención hacerlo, pues reconoce que al ser superiores en número podrán haberlo matado a él. Cuando se le pregunta si estas personas cometieron un delito capital contra él que justificase esa reacción, responde que aparentemente, que para él debió serlo, ya que querían jugar con él y él no quería. Aprovecha la ocasión para mirar al entrevistador de nuevo y realizar otro intento de intimidación "Usted casi me hace enojar" (sonríe).

Ante este comentario contesta "Lo sé, pero ¿qué le hizo enfadar exactamente?; responde "no lo sé, pero casi lo logra". Ante la insistencia de la pregunta solo contesta "No lo sé, debió ser algo que usted dijo" hasta el punto de sentirse incómodo y manifestar que está enojado. El doctor Deeds aprovecha esta ocasión para provocar una situación similar a la que pudiera producirse con las víctimas, intentando así que afloren reacciones. Ante esto Kuklinski se siente acelerado, y probablemente tentado, pero advierte al entrevistador que no va a hacer algo estúpido, que tiene curiosidad por sí mismo y que se siente casi feliz de que esta situación se haya producido durante la entrevista para que el doctor pudiera observar qué ocurre, porque él lo desconoce, discurso sobre este interés por descubrir qué le ocurre, que mantiene durante toda la entrevista.

Es entonces, cuando la forma en que mata, la facilidad con la que lo hace, y la crueldad de sus asesinatos llama la atención de la mafia y termina convirtiéndose en un asesino a sueldo un sicario. Convierte su forma de vida en una profesión. Revela que estos asesinatos no le provocan ningún tipo de rechazo. No le importaba las muertes que ocasiona, ni las familias de los fallecidos.

Abeijón, 2006, señala que este tipo de asesinatos resultan sorprendentes y sobrecogedores, no solo por la violencia con la que se llevan a cabo, sino por la frialdad del verdugo, que no conoce a la víctima más que por una fotografía y otras referencias que alguna persona del entorno de ésta le ha facilitado, junto con una gran suma de dinero, para que se encargue de quitarle la vida de la manera más efectiva posible. Pero Kuklinski ya tenía suficiente experiencia como para seguir adelante.

Describe sin ningún tipo de reparo, cómo procedía a desmembrar los cuerpos, los métodos utilizados y por qué no empleaba sierra eléctrica. Expone que "simplemente utilizar una sierra de este tipo es sucio, deja pedacitos de carne por encima"; tener pedazos de carne colgando encima de él, le incomoda. No tiene escrúpulos ni límites para explicar el procedimiento empleado con un cuchillo. Sus únicos sentimientos al desmembrar es la molestia que le causa el mal olor, pero lo solucionaba poniéndose colonia debajo de las fosas nasales; la cuestión se reducía a que no le ocasionase este hecho algún inconveniente a él. Ejecutó todo tipo de encargos, algunos de ellos, tenía que llevarlos a cabo procurando el máximo dolor. Grababa con una cámara pudiendo, posteriormente visionar los hechos con calma. En uno de estos encargos, en donde las víctimas eran previamente mutiladas y atadas para que las ratas las devorasen y sin posibilidad alguna de huida, Kuklinski, describe sentimientos y sensaciones:

"Era una muerte muy dolorosa para esa gente... la gente lloraba, chillaba, se horrorizaba; pero, por alguna razón, me ponía nervioso, me traía un sentimiento que no quería tener, estaba tratando de averiguar lo que era... pero jamás lo pude precisar. De todos modos, lo hice un par de veces, o quizás, demasiadas veces".

En este punto, vuelve a mostrar de nuevo su interés por saber qué le ocurre, por entender sus comportamientos, "para eso está ahí el doctor Deeds".

En medio de sus relatos cuenta anécdotas de las que se ríe, lo que revela una absoluta insensibilidad hacia los acontecimientos que acaba de describir. Es evidente desde el momento en que manifiesta "Me estoy divirtiendo muchísimo ¿lo puede notar?". Cuando se le pregunta si hay gente con la que sí fue bueno, responde que "no mucha", y aclara que el concepto de bueno que él tiene puede diferir respecto al suyo. Sin embargo, es capaz de diferenciar perfectamente lo que está bien y mal, no duda en decirlo, y añade que "él está por encima de todo esto".

Cuando se le pregunta por su familia, intenta ofrecer su versión más protectora, afirmando que hasta podría matar por ellos, si tuviese que hacerlo, mataría a todos los que están en la sala, aunque le podría doler o molestar.

Sin embargo, hemos de hacer un inciso aclaratorio sobre la infancia y la situación familiar adulta de Iceman. La infancia de Kuklinski estuvo caracterizada por la brutalidad y la violencia infligida por su padre Stanley. Pero, a medida que fue creciendo ya no tenía que soportar esa brutalidad y eligió ejercer la suya propia y lo hizo, a menudo, por poca o ninguna razón aparente. A lo largo de la entrevista manifiesta haber sufrido y presenciado maltrato y violencia desde que era un niño, aunque, a veces, evite profundizar en el relato de determinados acontecimientos, como por ejemplo sucede al explicar cómo su padre acuchilla a su madre. Cuando habla de su padre se remite a él como "un asqueroso hijo de perra", se alegraba de que estuviese muerto. El odio que sentía por su madre a la que, transcurridos los años, justifica como "una víctima de su propia vida". En la relación con su mujer e hijos, se describe "Era un sucio hijo de perra, soy un sucio hijo de perra", de igual modo que se refirió a lo que había vivido con sus padres.

En la entrevista, intenta mostrarse preocupado por su familia, pero pronto afloran las contradicciones "Era bueno con mi familia y hasta *a esa gente* lastimé". Como se observa, se refiere a su familia como "a esa gente", usando una terminología más distante. Reconoce haber ejercido violencia doméstica que no podía controlar, pero al tiempo afirma que "Amaba a *esa chica*. Confiaba en ella, pero me enojaba." (de nuevo muestra desapego con su esposa). Relata que en una ocasión, entrega a su esposa un cuchillo y le dice "aquí tienes una oportunidad que nunca tendrás de nuevo", e inmediatamente se gira, dándole la espalda y la oportunidad de utilizar el cuchillo contra él. Sin embargo, es sabedor de que ella le teme, que es incapaz enfrentarse. Describe este acontecimiento como algo muy poderoso, para él la muerte de los demás se produce sensación de poder y control. Realmente, lo que pretende es ponerse a prueba a sí mismo, no a ella porque ya sabía cómo reaccionaría. Finaliza su relato con risas para acto seguido afirmar que la violencia doméstica es algo muy serio. Como se ha indicado en párrafos precedentes, el sujeto vuelve a incidir en la importancia de esta entrevista para aprender sobre sí mismo. En esta afirmación desvía su mirada, focaliza hacia abajo ocultando sus verdaderas razones "yo no sé las respuestas y usted es una persona muy cualificada para darme respuestas".

Según la teoría del apego (*attachment*), la relación temprana ente los niños y sus cuidadores representa la primera experiencia de vinculación. Muchos científicos continúan creyendo que el fracaso en crear este vínculo conlleva a que el niño desarrolle actitudes hacia los demás que se caracterizan por la falta de empatía y la formación de una personalidad totalmente insensible. Señala a este respecto Garrido Genovés, la existencia de semejanzas entre esta falta de apego y la psicopatía, así lo describe cuando indica: *"los niños cuando sufren trastorno del desapego emocional son impulsivos y con emociones frías, tienden a incendiar las cosas y son violentos hacia sus padres, hermanos amigos y mascotas"* (Garrido Genovés, A Los hijos tiranos 2007).

El doctor Deeds le propone hacer un intercambio de papeles, ahora Kuklinski es quien hace las preguntas. Esta nueva situación le parece interesante, le divierte, formula su pregunta de forma pausada y mirándole a los ojos "¿Qué opina sobre mí?" Kuklinski permanece serio, aparentemente atento, afirmando con la cabeza, pero, con gran probabilidad solo sea una mera apariencia. A lo que el psiquiatra responde: ¿Puede interesarle a Kuklinski que el doctor Deeds, en su respuesta se refiera a otras personas, a la "gente normal" o que se ciña a un análisis exhaustivo y profesional sobre su personalidad?

Probablemente, Iceman, ya conoce la respuesta y lo que pretende con la pregunta va mucho más allá: realmente lo que le interesa es saber la opinión personal que tiene Deeds sobre él. Sin embargo, Kuklinski continúa con el juego, agradece el tiempo que el doctor se ha tomado en dar sus explicaciones, aprovecha, además, para mostrarse como una víctima, como "la persona más solitaria del mundo"; incide en que ha perdido todo lo que le importaba, no hay amor en su vida y todo lo reemplaza con el odio, concluyendo "He caminado en círculos, es hora de que me muera". De esta forma, es como si él mismo tuviera en sus manos la forma de ponerle el broche final a su vida. Si otorgar vida o muerte fue su estilo de vida, su propia muerte le da poder y control sobre sí mismo.

Para concluir, si hubiéramos de hacer algún tipo de clasificación dentro de los diferentes tipos de psicópatas descritos por los autores más significativos, podríamos decir que, por un lado, y según la tipología de Robert Hare (1991) puede calificarse al hombre de hielo como psicópata primario, caracterizado por una respuesta afectiva deficiente, conducta antisocial, superficial, insincero, sin empatía y remordimientos, egocéntrico e incapaz de amar, manipulador, mentiroso, sin delirios o pensamiento irracional etc. De otro lado, conforme a la clasificación de Garrido Genovés (2012) el sujeto es un psicópata marginal, dado que, constantemente, reincide en la comisión de delitos criminales y presenta una importante carrera delictiva que inicia desde muy temprana edad.

11.- *Las envenenadoras de Nagyrév*

Durante el Renacimiento, la familia Borgia su propio veneno, cantarella o acquetta: inodoro, incoloro e insípido; obtenido mezclando arsénico con vísceras de cerdo secas. Se presenta como un polvo blanco similar al azúcar. Se considera muy tóxico y provoca la muerte de forma muy dolorosa en veinticuatro horas.

En el siglo XVII la siciliana Teofanía d'Adamo envenenamiento por encargo con el compuesto denominado Acqua Toffana, con arsénico como ingrediente principal. Aparición de la toxicología criminal, que aúna aspectos terapéuticos y los directamente criminales. Catalina de Médicis o la marquesa de Brinvilliers, entre las muertes por tóxicos la de su suegra, la reina Juana III de Albret, a través del regalo de unos guantes envenenados.

Esta época coincide con un período de descubrimiento de los clásicos sobre fuentes directas griegas: personaje más curiosos de historia de la toxicología es Theophrastus Phillippus Aureolus Bombastus von Hohenheim (1493-1541), Paracelso: entre la alquimia y el surgimiento de una química científica. Introdujo el mercurio como fármaco para el tratamiento de la sífilis. Sus investigaciones sobre sustancias tóxicas aportaron nuevos puntos de vista a la Medicina. Se le considera el autor de la famosa frase *"sola dosis facit venenum"*, (solo la dosis hace el veneno): por la que: si una sustancia no tiene efecto a una concentración alta, tampoco la tendrá a concentraciones menores.

En la Edad Contemporánea, Mateo Buenaventura Orfila, que realizó consideraciones sobre los fundamentos de la Fisiología, la Patología, y la Medicina Legal y se dedicó al estudio de los venenos. En su "Tratado de Venenos", publicado en 1814, clasifica por primera vez todos los venenos según su origen: reino animal (picadura de serpiente), reino vegetal (belladona "Atropa belladonna") y reino mineral (mercurio, sulfato de plomo). Demuestra que el veneno no se queda en el tubo digestivo como se pensaba, sino que es capaz de llegar a las vísceras y órganos internos del cuerpo, lo se conoce actualmente como Toxicocinética.

Por curioso que nos parezca, durante la II GM. Agatha Christie, la famosa escritora de ficción y misterio, trabaja durante un tiempo en la farmacia del University College de Londres, donde adquirió conocimientos sobre los venenos que se sumaron a los que había recopilado durante su trabajo en el dispensario como enfermera en la I GM. Sus estudios sobre químicos se vieron reflejados en sus historias publicadas en los años de posguerra. El farmacéutico Harold Davis, trasladado al Ministerio de Salud del Reino Unido, le informó sobre el uso del talio como veneno y del método de ejecución de víctimas, al que agregó indicios como la caída del cabello. Su descripción de la intoxicación con talio fue tan precisa que ayudó a resolver un caso médico desconcertante para los especialistas.

Comenzamos pues con el relato de los hechos, situándonos en la época del Impero Austro-Húngaro de principios del Siglo XX, en la que el panorama de la Guerra y los enfrentamientos entre los países hacían a sus habitantes sentirse encerrados en sus propios países, sin sentirse parte de ninguno de ellos, y entre continuos enfrentamientos por la corona.

Según Moreno 2015, la sociedad rural húngara de comienzos de siglo no más que una sociedad atrasada económica, social y culturalmente hablando, y este aspecto era extensible a toda la región. Nagyrév, era una localidad agrícola perteneciente a la región de Tiszazug. En esta región, situada a unos ciento cincuenta kilómetros de Budapest, había un gran elevado índice de alcoholismo entre la población masculina, rudeza y analfabetismo. Las costumbres eran muy antagónicas aún, y los matrimonios seguían siendo acordados desde el nacimiento de los niños por parte de las familias, de modo, que los contrayentes solían estar muy distanciados. El divorcio, además era algo prácticamente impensable, y aunque las mujeres no sentían afecto alguno por sus maridos, estaban condenadas a vivir y a servirles.

En 1914 estalla la Gran Guerra, y los varones del pueblo de Nagyrév, son enviados al frente en defensa del Imperio Austro-Húngaro. Al mismo tiempo, y paralela a la marcha de los hombres del pueblo a la guerra, se establecen en los alrededores campamentos de prisioneros aliados, que colaborarían en las labores de la tierra con las mujeres del pueblo, lo que les supuso un acercamiento a estos hombres, quienes entablaron relaciones de amistad, y en un breve espacio de tiempo, comenzaron a intimar, convirtiéndose en sus amantes. Así las cosas, las mujeres de Nagyrév gozaban ya de mayor libertad, y libres de sus parejas, hacían una vida que para ellas se había convertido en una cómoda situación.

Llegado el momento en que sus maridos volvieron de la guerra, el sentimiento de desesperanza se apodera de las mujeres de Nagyrév, ya que sus maridos habían vuelto del frente no sólo más embrutecidos, si no que muchos de ellos habían regresado mutilados, ciegos, con dependencia física de sus mujeres por las heridas sufridas en la guerra, estrés postraumático, mentalmente desequilibrados, y su carácter obviamente era mucho más agrio que antes de irse al frente. Ahora eran mucho más controladores, dominantes y machistas. Esta situación produjo desesperanza a las mujeres que ya estaban adaptadas a esa nueva vida en la que eran dueñas de sus actos y gozaban de cierta libertad, y no estaban dispuestas a ceder esos privilegios que habían logrado, así como que muchas de ellas estaban enamoradas de sus amantes.

La decisión que tomaron para evitar que sus maridos volviesen a tomar el control de sus vidas, fue visitar a Julia Fazekas, una mujer que se había establecido en el pueblo tres años atrás, y ejercía como comadrona. Venía acompañada de Zsuzsanna Oláh, o "Tía Susi", como la llamaban. Dada la ausencia de los médicos, logra convertirse en una persona relevante para las mujeres del pueblo ya que asistía en los partos, daba buenas recomendaciones médicas y hacía favores a las mujeres de la aldea, era considerada una "persona sabia". Incluso hay teorías que hablan de que asistía a las mujeres cuando estas querían deshacerse de hijos nacidos fuera del matrimonio o no deseados, las llamadas "fabricadoras de ángeles". En ocasiones, también se deshacían de sus hijos por que alimentar una boca más en aquella situación de miseria era algo impensable y económicamente inviable, como también sucedía con los familiares enfermos o los ancianos. En varias ocasiones había sido detenida por sus prácticas ilegales, pero nunca había pruebas definitivas para inculparla, y quedaba libre.

La decisión que Julia Fazekas dio a las mujeres de Nagyrév ante sus problemas, fue escueta: asesinarlos con arsénico que ella misma les proporcionaría. El método que utilizaba era hervir tiras de papel matamoscas que adquiría en Budapest, para obtener de éstas el arsénico que posteriormente vendía a las mujeres para aplicar a sus maridos en bebidas y comidas. A partir de 1914 comenzaron entonces a sucederse una serie de muertes en cadena que se prolongaron durante quince años seguidos sin que nadie pudiera parar lo que estaba sucediendo. "Las fabricadoras de ángeles", que así se autodenominaban, habían encontrado en el arsénico la solución a sus problemas. Y ya no sólo mataban a sus esposos, sino también a sus padres, hijos, ancianos dependientes y cualquier hombre que les supusiera un estorbo.

Entre 1914 y 1929, se calculan alrededor de 300 asesinatos, de los cuales han sido probados históricamente 50, según el autor Béla Bodó, nativo de la región de Tiszazug, autor del libro "Tiszazug: A history of a murder epidemic", 2002.

El modo en el que estas mujeres fueron descubiertas no se sabe de manera fidedigna: algunas fuentes, hablan de una carta enviada anónimamente a la policía de Budapest informando de extrañas muertes que se sucedían de manera continua en la aldea, según relata el autor Béla Bodó en su libro. Otras fuentes hablan de que un cuerpo fue encontrado en el río y se hallaron en él altos niveles de arsénico y destapó la macabra historia, ya que nos encontramos en una zona geográfica donde había un abandono social y económico muy severo, y hasta el momento nadie había prestado atención.

Los investigadores se encontraban con una barrera importante, ya que los certificados de defunción estaban todos indicados por muerte natural. La principal circunstancia a tener aquí en cuenta, es que el encargado de expedir dichos certificados era el primo de la Sra. Fazekas. Aún así se exhumaron muchos cuerpos del cementerio, y algunos otros que se encontraron en el río, encontrando en todos ellos grandes cantidades de arsénico.

Julia Fazekas fue detenida al ser acusada por parte de una de las mujeres del pueblo que directamente la implicó a ella. Esta negó todos los hechos, y fue puesta en libertad, no sin estar bajo vigilancia. Creyendo que no era observada, se propuso terminar con el negocio de la dispensación del arsénico e iba informando a todas sus compradoras el cese de sus actividades, por lo que entonces pudieron ser ratificados los hechos que se le imputaban. La policía fue a detenerla y ésta, sabiendo lo que le esperaba, no dudó en suicidarse con su propia medicina momentos antes de su detención. Tras estos hechos, fueron detenidas treinta y ocho mujeres, de las cuales veintiséis fueron llevadas a juicio. De ellas, ocho fueron condenadas a la horca, siete a cadena perpetua, doce recibieron diversas condenas de prisión, y dos fueron ejecutadas.

Entre las víctimas se pueden citar varios casos curiosos:

María Kardós, que asesinó a su amante, a su esposo, y a su hijo de 23 años, al que obligó a cantar hasta que cayó muerto.

Rose Hoybe, mató a su esposo por considerarlo "aburrido".

Mária Varga, mató a siete miembros de su familia: su marido, héroe de guerra ciego, porque se quejaba constantemente del elevado número de amantes que ésta llevaba a su casa. Lo hizo el 24 de diciembre porque "era el regalo perfecto para Navidad".

Juliena Lipke, mató a su madrastra, su tía, su hermano, su cuñada y su marido. Ayudó a Mária Köteles a ejecutar a su marido porque le dio pena de ésta y decidió darle la botella de veneno por si ninguna otra cosa ayudaba a su matrimonio.

Mária Szendi, mató a su marido porque "quería tener el control, y es horrible la forma en la que los hombres quieren siempre todo el poder".

De esta forma, nuestro análisis criminal, puede resumirse del siguiente modo:
Conductas
M.O.
El método: hervir tiras de papel matamoscas que adquiría en Budapest, para obtener de el arsénico que vendía a las mujeres para aplicar a sus maridos en bebidas y comidas.
Perfil Victimológico
Deseo de mantener su estatus quo actual.

Perfil criminal
•Alimentado por la conciencia del grupo de iguales.
•Asesino serial organizado
•Psicópata Sádico.
•Distorsiones cognitivas.
•Sin empatía.

•Sin sentimiento de culpa.

•Imposible la reeducación.

•Elevada posibilidad de reincidencia.

Envenenadoras:

•Detenidas 38 mujeres, de las que:

•26 fueron llevadas a juicio. De ellas,

•8 fueron condenadas a la horca,

•7 a cadena perpetua,

•12 condenas de prisión, y

•2 fueron ejecutadas.

Hablando un poco de toxicología, y sin pretender aleccionar al lector, sino esclarecer los efectos buscados por las envenenadoras en sus víctimas, podemos decir que el arsénico es un elemento químico, semimetálico o metaloide, que forma compuestos venenosos, y forma también muchos compuestos que se utilizan en la industria. No se conoce su función biológica de forma concreta. Su ingesta diaria en determinados alimentos, en cantidades bajas, en carnes, pescados, vegetales o cereales, crustáceos, etc., es aceptable para el ser humano.

Ha sido utilizado históricamente como producto para envenenamiento. Suele presentarse en forma de sulfuros, y rara vez se ve forma sólida. Se disuelve fácilmente en agua y se obtiene ácido arsénico. Actualmente, el uso que se da al arsénico puede ser como preservante de la madrea (arseniato de plomo y cromo), que presenta cerca del 70 % del consumo mundial de arsénico.

Otro de sus usos es el arseniuro de galio, semiconductor empleado en circuitos integrados más rápidos, y caros, que los de silicio. Se emplea en la construcción de diodos de láser y LED. Aditivo en aleaciones de plomo y latones. Como insecticida (arseniato de plomo), herbicidas – (arsenito de sodio), y venenos: a principios del siglo XX, se usaban compuestos inorgánicos pero su uso ha desaparecido prácticamente en beneficio de compuestos orgánicos. El disulfuro de arsénico se utiliza como pigmento y en pirotecnia. Decolorante en la fabricación de vidrio.

Históricamente, ha sido empleado con fines terapéuticos, como tratamiento de pacientes con leucemia promielocítica aguda. Otro de sus usos es como elemento fertilizante en forma de mineral para la agricultura, elaboración de insecticidas, herbicidas, raticidas, fungicidas.

Utilizado con fines homicidas, fundamentalmente en forma de anhídrido arsenioso (polvo blanco, insípido e inodoro llamado "rey de los venenos").

Mecanismo de acción:

La presencia de arsénico en el aire puede incidir en la prevalencia del cáncer de pulmón. En las fundiciones es muy común.

El arsénico en agua potable, puede ser el resultado de la disolución del mineral presente en cuencas hidrográficas cercanas a volcanes y suelo por donde fluye el agua antes de su captación para uso humano. Por vía antrópica, por contaminación industrial o por pesticidas. La ingestión de pequeñas cantidades puede causar efectos crónicos por su bioacumulación en el organismo. Envenenamientos graves, puede ocurrir cuando la cantidad tomada es de 100mg. Se le atribuyen al arsénico enfermedades de prevalencia carcinogénica a la piel, pulmón y vejiga. La dosis letal en adultos será de 1-4 mg As/Kg, y en sus compuestos las cantidades varían entre 1,5 mg/kg y 500mg/kg de la masa del cuerpo.

La principal vía de exposición será por ingesta o inhalación. De esta manera entra en el organismo y llega a las superficies epiteliales del tracto digestivo, del aparato respiratorio o de la piel donde se absorbe, entrando en el torrente sanguíneo y siendo transportado a los demás órganos, donde se puede ocasionar daños permanentes. Pasadas 24h puede ser encontrado en el hígado, riñón, pulmones, baso y piel; en la piel se acumula debido a la fácil reacción con las proteínas. Cuando la ingesta es mayor que la excreción se acumula en cabello y uñas. Los efectos varían dependiendo de varios factores como la genética, la dieta, el metabolismo, a la nutrición, etc. Los que tienen mayores riesgos son los que tengan una baja metilación del arsénico. En los niños por su mayor división celular y debido a que están en desarrollo, no metabolizan el tóxico como un adulto, y por tanto es más tóxico. La orina es el mejor bio-marcador inorgánico. Se puede medir hasta el décimo día después de la exposición. En el cabello y las uñas se pueden medir entre los seis a doce meses de la exposición.

Efectos de la intoxicación aguda

En grandes cantidades afecta a la vía digestiva, presentándose como un cuadro gastrointestinal con dolores abdominales, vómitos, diarreas y deshidratación. La pérdida de sensibilidad en el sistema nervioso periférico es el efecto neurológico más frecuente; aparece una a dos semanas después de grandes exposiciones. Los síntomas pueden aparecer en minutos o bien muchas horas después de la ingestión de entre

100 y 300 mg de As, aunque también es posible la inhalación de polvo de arsénico o la absorción cutánea.

Según Domínguez Carmona, la intoxicación aguda comienza entre 30 a 60 minutos, pero si es poco soluble o se toma en comidas, los síntomas son más tardíos. Comienza con sabor acre en la boca, constricción faríngea, ardor y dolores de esófago con disfagia y del estómago en el que a veces se han encontrado úlceras. Simultáneamente, taquicardia, arritmias, bloqueo aurículo-ventricular y fibrilación ventricular o asistolia irreversible anoxia, cianosis acra y a las pocas horas si sobrevive, colapso. Los síntomas gastrointestinales se deben al efecto irritante que el arsénico ejerce sobre las mucosas, ocasionando una violenta inflamación con escara y a veces gangrena. A partir del tercer al cuarto día, pueden aparecer erupciones y enantemas en laringe, bronquios, conjuntiva, etc. La clínica es semejante a la de una intoxicación alimenticia: náuseas y vómitos intensos subintrantes, inicialmente alimenticios, que pasan a mucosos sin sangre.

Aparece después diarrea coleriforme con deposiciones acuosas o riciformes, de descamación epitelial blanquecinas, que son cada vez más frecuentes llegando a superar las 40 diarias: como consecuencia se produce enseguida sed intensa, estado de confusión, colapso, palidez, ojos hundidos, hipotermia, descomposición de los rasgos faciales, cianosis acra, sudoración intensa y fría, latidos débiles y lentos, calambres de pies y pantorrillas, acidosis metabólica y a menudo intensa cefalea. La profusa diarrea no explica el shock, pues la rehidratación es ineficaz.

Efectos de la intoxicación crónica.

La ingestión de arsénico durante un tiempo prolongado y dosis repetitivas, dará lugar a la aparición de síntomas como: fatiga, gastroenteritis, leucopenia, anemia, hipertensión, alteraciones cutáneas.

Según Nava-Ruiz y Méndez-Armenta, 2011, en la mayoría de los casos, los síntomas se relacionan a la sintomatología general de algunas enfermedades comunes. Debido a esto es necesario realizar un seguimiento del origen de la fuente contaminada por arsénico y análisis que cuantifiquen la concentración de este en el organismo.

Intoxicación aguda y subaguda.

Siguiendo a Nava-Ruiz y Méndez-Armenta, 2011, las enfermedades más comunes causadas por la intoxicación por arsénico son el cáncer de pulmón, vejiga, riñón, próstata, líneas de Mees, abortos espontáneos, malformaciones congénitas...

Se incluyen entre los síntomas:

Gratrointestinales: agruras, aliento olor a ajo, anorexia, deshidratación, diarrea como agua de arroz o con sangre, dolor abdominal severo, náuseas y vómitos y sed.

Dérmico: aparición tardía de líneas de Mee en la zona blanca de las uñas, dermatitis, melanosis y vesiculaciones.

Cardiovascular: arritmia ventricular, hipotensión, insuficiencia cardiaca congestiva, pulso irregular, shock.

Respiratorio: edema pulmonar, irritación de la mucosa nasal, faringe, laringe y bronquios. Perforación del tabique septo nasal y taqueobronquitis.

Neurológico: ataques cerebrales, calambres en piernas, coma, debilidad, delirio, desorientación, dolor de cabeza, encefalopatía, estupor, hiperpirexia, sudoración y enrojecimiento de cara y cuello, parestesia, hiperestesia, neuralgia, parálisis y temblores.

Hepático: enzimas hepáticas elevadas, infiltración grasa y necrosis central.

Renal: hematuria, oliguria, proteinuria, glocusuria, uremia y necrosis tubular aguda, necrosis cortical renal.

Hematológico: anemia, coagulación intravascular diseminada, supresión de la médula ósea y trombocitopedia.

Otros: conjuntivitis y rabdomiólosis.

Nava-Ruiz y Méndez-Armenta, 2011 nos hablan de síntomas potenciales en una intoxicación por arsénico de tipo sub-aguda o retrasada, teniendo en cuenta que los efectos gastrointestinales pueden durar varios días, puede haber dificultad para tragar, dolor abdominal, vómito, diarrea, deshidratación. En una intoxicación de este tipo, el inicio de síntomas gastrointestinales leves puede ser tan insidioso que se pase por alto la intoxicación arseniosa. En el sistema cardiovascular, el arsénico tiene efectos muy negativos en el corazón y el sistema vascular periférico. La dilatación de los capilares con fuga de fluido al tercer espacio puede ocasionar una hipovolemia severa e hipotensión, incluyendo cardiomiopatía, disritmias ventriculares, insuficiencia cardiaca congestiva.

Neurológicamente hablando, neuropatía sensomotora periférica. Los síntomas iniciales son sensitivos y pueden comenzar entre 2 y 4 semanas después de la resolución de los primeros signos de la intoxicación, shock o gastroenteritis. Algunos síntomas incluyen adormecimiento, cosquilleo y sensaciones como de "agujas y alfileres" en las manos y pies. Sensación de sensibilidad en los músculos de las extremidades. Abarca el espectro desde parestesia leve con ambulación preservada hasta debilidad distal, tetraplejia e insuficiencia de músculos respiratorios. Otros síntomas serán edema facial y fiebre.Los signos aparecen varios meses después, e incluyen las "Líneas de Mee": reflejan una disrupción transitoria del crecimiento de las places de las uñas durante la intoxicación aguda. En algunos casos se puede evaluar cuánto tiempo atrás ocurrió el episodio de intoxicación midiendo la distancia de la línea respecto a la base de la uña. En episodios de varias exposiciones agudas pueden aparecer varias líneas de Mee en una misma uña. No obstante, las líneas en cuestión no se aprecian comúnmente.

Por la exposición aguda por vía aérea, producen irritación del tracto respiratorio. El polvo que contenga arsénico puede ocasionar tos, laringitis, bronquitis leve y disnea. Perforación del tabique septo nasal, conjuntivitis y dermatitis exfoliativa. Rosenman, 2007, añade anemia reversible y leucopenia.

Tal vez el efecto más característico es un cuadro de alteraciones de la piel. Incluyen un oscurecimiento de la misma y la aparición de pequeños callos o verrugas en las palmas de las manos, las plantas de los pies y el torso, asociados con alteraciones en los vasos sanguíneos.

12.- Manson, Charles:

Los asesinatos de La Familia

En Charles Manson, podemos encontrar otro elemento del análisis de la conducta criminal, la sociopatía, que es diferente de la personalidad psicopática, aunque no por ello signifique que ambos términos sean excluyentes, sino que, es más adecuado conocer el alcance de cada uno de ellos, y comprender que pueden darse por separado, conjuntamente, o ser la sociopatía consecuencia de la personalidad psicopática, comorbida o subyacente, pero en ningún caso supone un alejamiento de la realidad del sujeto, ya que los elementos cognitivos y volitivos se mantienen intactos y el sujeto es consciente del daño que provoca.

La psicopatía y la sociopatía, guardan más rasgos comunes, lo que en ocasiones ha llevado a confusión terminológica, lo cual debe diferenciarse pues cada una de ellas, psicopatía y sociopatía, afectan la una a la cuestión biológica y desarrollo de la sociabilidad, y la otra a la conducta social. Ambas, además, pertenecen al grupo B de trastornos de la personalidad en el DSM-5, y referencian a sujetos dramáticos, emotivos o inestables. De esta forma, se puede decir que la sociopatía, se produce por un fracaso al instaurar en el sujeto hábitos de conducta social.

La edad en la que comienzan a despuntar los comportamientos se produce entre los 12 a los 18 años debido a que es el grupo el que ejerce mayor influencia en el individuo, y si no se han adquirido los adecuados hábitos prosociales, la conducta será tendente a estar desestructurada. La dificultad temperamental y el déficit de socialización son los rasgos generales de las causas de la sociopatía. La primera influye genéticamente aproximadamente en un 45%, y el ambiente en el 55% restante. Y en el déficit de socialización el factor importante es la familia. Por ello, en la sociopatía, la mayor influencia es la experiencia educativa, por lo que se puede concluir que no es una enfermedad psiquiátrica en sentido estricto, y se refiere a actividades y conductas antisociales.

Por el contrario, la psicopatía, tiene un componente claramente biológico sobre el educativo, además de que en el sujeto no surte efecto la socialización porque el temperamento propio del sujeto lo imposibilita prácticamente. Además, hay autores que sostienen que las conductas psicopáticas pueden ser observables desde los dos años de edad. Según Jarne Esparcia et al., 2006, el engaño y la manipulación del psicópata, puede estar presente desde la infancia, y se enfoca en que el objetivo del niño es conseguir no lo que quiere, como cualquier niño pequeño puede pretender, sino que lo quiere para conseguir beneficios o placer personales. Tienen comportamientos que causan dolor físico a otros, amenaza a personas o animales, comportamientos no agresivos pero que dañan la propiedad, fraudes, robos, incumplimiento de normas, tanto en casa, la escuela o el entorno social. En ocasiones, durante la infancia estas personas pueden haber sufrido episodios de abusos sexuales, malos tratos, desatención, pérdida parental temprana o separación. En la adolescencia, presentan un comportamiento fanfarrón, provocativo de peleas físicas, enfrentamientos, mentiras, manipulación, engaño, invención de historias para fascinar al entorno, provocar daños graves en el entorno o a las personas o animales, o incluso forzar a actividades sexuales deseadas a otras personas. Esta última, puede llevar aparejada violaciones, asaltos y actividad criminal con resultado de muerte. Suelen fugarse de casa, ausentarse de la escuela, cometer robos con intimidación (con armas blancas, palos...).

Se exponen de forma resumida las diferencias de comportamiento del sociópata y del psicópata, lo que permite puntualizar la verdadera diferencia que existe entre un comportamiento y otro, que en ocasiones ha sido definido también como trastorno disocial de la personalidad.

SOCIÓPATA

Suelen ser impulsivos

Carecen de empatía, pero pueden formar vínculos interpersonales.

No pasan desapercibidos, suelen ser considerados "raros".

No suelen planificar lo que hacen

Poca estabilidad emocional

Irresponsables, les cuesta aceptar normas y leyes

Fueron educados con un estilo de crianza ineficiente

PSICÓPATA

Manipulador a tiempo completo

Prefiere relacionarse con personas sumisas.

No empatiza con personas o animales

Fríos o calculadores

No le importa hacer daño a los demás

No experimenta culpa o miedo

Suele tener buenos trabajos y ocupar altos cargos

Pasan por personas normales y pueden parecer encantadores

Origen biológico

Adentrándonos en el análisis de Charles Manson, estamos ante el líder de la secta "La Familia", nace en Cincinatti en 1934. Es un hijo no deseado de una prostituta de dieciséis años, adquiriendo el apellido de un esposo fugaz de la joven. Kathleen, había pasado varias veces por la prisión y sufría graves problemas con la bebida.

A los doce años Charles ya robaba en establecimientos comerciales, y su madre decide internarlo en la Gibault School for Boys de Indiana, pero al año de estar ahí se escapa del centro y comete su primer robo a mano armada. Tras varios atracos, es enviado al centro juvenil del padre Flanagan, fundador de "La ciudad de los muchachos", pero escapa a los cuatro días de ingresar, y continua delinquiendo y siendo arrestado. Finalmente es enviado a la Indiana School for Boys en Plainfield, de la que también se escapa en 1951 con dieciséis años, robando un vehículo y atracando quince gasolineras a mano armada y cruzando la frontera hasta California, pero no logra pasar de Utah. Tras estos incidentes es ingresado en la National Training School for Boys de Washington D.C., donde sodomiza a otro interno, lo que le supone ser trasladado a un centro más duro en Virginia. Así continuó, entrando y saliendo de establecimientos penitenciarios hasta 1967, y cometiendo delitos como proxenetismo, falsificación de cheques, etc.

A su salida en 1967 de la U.S. Penitenciary en McNeil Island (Washington), el mundo había cambiado y se producía el "verano del amor" en la cultura hippie, por lo que ese ambiente le resultaba absolutamente idóneo. Durante sus estancias en prisión había aprendido a tocar la guitarra, se había hecho miembro de la cienciología que fundase L. Ron Hubbard en los años cincuenta, y comenzó a componer canciones en relación a esta nueva creencia que abrazaba. En el nuevo ambiente donde la juventud se reunía para practicar el amor libre, consumir LSD y bailar era el deseado de Charles, ya que se dio cuenta de que fácilmente podía convertirse en un líder espiritual al que seguir con facilidad. De esta forma, comenzó a conseguir adeptos, la mayoría mujeres jóvenes a las que controlaba con el consumo de LSD.

Comenzó a recorrer el estado en un autobús para extender la palabra "de Charlie". En poco tiempo, reclutó a algunos miembros de lo que él denominó "La Familia" para que matasen por él: Susan Atkins, "Sadie"; Patricia Krenwinkle, "Katie"... Por ese entonces, Manson se sentía rechazado por la sociedad puesto que había pasado cerca de diecisiete años en la cárcel y decidió crear su propio mundo. Un sociópata en toda regla. Deseaba fama musical, y debido a su fracaso en este campo, se desata el "verano sangriento del 69". En la primavera de este año, La Familia se instala en el rancho Spahn en Simi Hills. El rancho había sido una zona donde se habían rodado películas de vaqueros, y que estaba sólo a cuarenta kilómetros de Los Ángeles, por lo que la zona era perfecta para establecerse con La Familia. En el rancho llegan a residir treinta y nueve adultos y siete niños. Vivían aislados, lo que facilita el trabajo a Manson para convertirse en su líder espiritual: cualquier creencia interior debía ser "desprendida" para implantar el nuevo sistema de pensamiento. No había opción ni cabida para ideas personales, ni para valores de la educación o del entorno familiar.

Celebraba fiestas donde todos consumían grandes cantidades de LSD excepto él, que consumía dosis muy pequeñas para controlar lo que sucedía en cada momento. Decidía quién besaba a quién, o quiénes debían acostarse, justificando que se trataba de hacer desaparecer los egos de todos los miembros de la Familia para poder así ejercer un control absoluto sobre ellos. Del mismo modo, imponía "misiones" a sus adeptos, de forma que logró convencer a sus seguidores de que él era descendiente de Jesús y el Diablo unidos en una misma persona. Mantenía que habría una guerra de razas, y que el hombre negro vencería al blanco, a pesar de que Manson era tremendamente racista y Hitler para él era un ídolo y afirmaba que la raza negra estaba menos evolucionada, con lo que no se conseguiría mantener el orden en el mundo.

Biblia y cienciología a la par le servían para definir su ideología. Además, los Beatles, en aquella época habían publicado The White Álbum lo que llevó a Charles a pensar que éstos hablaban y enviaban mensajes a través de su música. Concretamente la canción "Helter Skelter" que habla de la guerra fría, le hace interpretar que se trata de una señal de que la guerra entre negros y blancos iba a comenzar, pronosticando Manson que sería en el verano del 69. Como este hecho no se produjo, decidió que él debía prender la chispa asesinando a figuras importantes de la sociedad americana para que los negros fuesen culpados por ello. Este deseo de comenzar con la violencia se relaciona directamente con su fracaso personal como músico para convertirse en una estrella de fama y renombre. Los Beach Boys, grabaron una de las canciones compuestas por Charles, "Never Learn nor to Love", en el 68, que Dennis Wilson escuchó durante el tiempo que Charles estuvo instalado en su casa, fruto de una relación entablada por una de sus seguidoras, Patricia Krenwinkle que había hablado maravillas a Dennis sobre Charles, y donde conoció a Tex, de diecinueve años, que terminó uniéndose a la filosofía de La Familia. Durante esa época, Wilson presenta a Manson al productor musical Terry Melcher, hijo de la actriz Doris Day, y a quien Manson se da cuenta que debe seducir para tener el ansiado éxito musical que está buscando.

Sin embargo, Melcher, tras escuchar sus propuestas, le responde con un "ya te llamaré", llamada que nunca se produciría. Este silencio ofendió a Manson profundamente que muy enfadado se dirige a casa de Dennis Wilson con un arma, pero afortunadamente no localiza a nadie en la vivienda. Al no lograr encontrar a Wilson, se traslada a la vivienda de Melcher al

10050 de Cielo Drive, pro el productor ya no vivía allí, y en su lugar vivía la familia de Roman Polanski que la había alquilado, y no se le permitió acceder al interior. Durante el verano del 69, la música deja sonar en el rancho, y comienzan las dificultades económicas y los asesinatos. Manson decide "elegir" entre sus adeptos a aquellos que debían compartir el compromiso de asesinar juntos: deben vivir en el mismo lugar, y que existan diferentes generaciones y géneros entre los asesinos que deben actuar de forma coordinada, según indicaba uno de los libros de Manson titulado "Murder Most Rare". Este grupo lo formarían Tex Watson, Susan "sadie", Atkins, Patricia "Katie" Krenwinkle, Leslie Van Houten y Linda Kasabian.

El 8 de agosto de 1969, Manson avisa a Tex de que el Helter Skelter debe comenzar. El primer asesinato debía realizarse en Cielo Drive, en el 10050, al matrimonio Polanski. Manson explica a Tex lo que debe hacer, y entrega a Sadie varios cuchillos y una cuerda y un arma a Tex, y les anima diciendo "Dejad una señal. Si vais a hacer algo, hacedlo bien, algo malévolo". Sharon Tate, embarazada de ocho meses, estaba en acompañada de unos amigos esa noche ya que Roman Polanski estaba en Europa preparando el próximo rodaje, y de esta manera Sharon se sentía acompañada. La acompañaban su peluquero, Jay Sebring, Abigail Folger, heredera de un imperio cafetero y su novio Voytek Frykowski. En un edificio colindante a la estancia principal se encontraban además William Garretson, encargado del mantenimiento de la finca y Steve Parents de dieciocho años. Tex accede a la vivienda disparando contra Steve Parents. Cortó el cable del teléfono y entró junto a Sadie y Katie por una ventana abierta de la vivienda. Reunieron entre los tres a los invitados en el salon y los ataron con cuerdas por el cuello. Jay trató de proteger a Sharon y resultó el primero en morir. Voytek fue apuñalado en las piernas por Sadie al intentar huir, luego le disparó en la espalda y le golpeó varias veces con el arma en la cabeza. Katie apuñaló numerosas veces a Abigail, y finalmente Sharon también murió apuñalada y con su sangre Sadie escribió en la puerta principal "Cerdos". Linda Kasabian, que se había quedado vigilando en la puerta, testificó en el juicio que sintió muchísimo miedo esa noche y que comenzó a pensar en huir del rancho con su hija ya que no quería continuar con aquello.

Los asesinatos se sucedieron también la noche del 10 de agosto, acompañados por Manson que les enseñaba cómo hacerlo de forma "más profesional, sin huidas, ni gritos". Esa noche, murió el matrimonio Los Feliz, formado por Leno y Rosmary LaBianca. Ella fue localizada por su hijo en el dormitorio, donde había recibido hasta 41 puñaladas, 13 de ellas postmortem, y su marido presentaba 26 puñaladas y tenía clavado en el cuerpo un tenedor y tenía la palabra "guerra" en el estómago. Los cuerpos aparecerían con una funda de almohada sobre la cabeza y Leno tenía el cable de una lámpara enrollado alrededor del cuello. En las puertas y las paredes del salón había escrito "Muerte a los cerdos", "Levantaos", "Helter Skelter".

Mientras algunos de sus adeptos daban muerte al matrimonio LaBianca, Manson llevaba a otros adeptos en busca de otra víctima, el actor Saladin Nader con quien Linda había mantenido una relación sexual tras conocerlo en la playa. Pero Linda estaba dispuesta a dar su vida por Manson, pero no estaba dispuesta a matar por él, de modo que tocó en una puerta equivocada, y al ver ella y sus acompañantes que no era la víctima que buscaban, decidieron marcharse.

Tres días después, el 13 de agosto, Linda Huye a Alburquerque, Nuevo México, pero sin poder llevarse a su hija. Otras víctimas fueron Gary Hinman, Donald "Shorty" Shea, el 25 de agosto. Manson, Tex, Susan, Leslie, Patricia, etc, fueron detenidos y acusados por los hechos. Linda, fue el testigo principal a cambio de inmunidad, y

Susan testificó ante el Gran Jurado, explicando lo sucedido las noches del 9 y 10 de agosto, a cambio de que para ella no se dictase pena de muerte. Todos fueron acusados de asesinatos en serie, pero la motivación sólo estaba en Manson: el Helter Skelter. Fueron sentenciados a cadena perpetua y Manson a dos cadenas perpetuas más por el asesinato de Gary Hinman y Donald Shea en diferentes juicios, siendo un total de nueve asesinatos los llevados a cabo por La Familia. Los acusados están o han estado internados en diferentes centros penitenciarios y les ha sido denegada cualquier concesión de libertad condicional en las correspondientes revisiones de sus respectivas condenas.

13.- Operación Indalo:

Jack el destripador de Almería

Entre 1988 y 1996, se produjeron una serie de asesinatos, con un total de 10 víctimas, hasta que el "Asesino de los Barrancos" dejó de actuar. Por el tipo de asesinato que cometía y el inicio de estos, cien años después de The Ripper, fue llamado también "Jack el Destripador de Almería".

La primera víctima aparece en agosto de 1988, cien años después del primer crimen de Jack el Destripador Londinense, (31 de agosto de 1888). Aparece la primera víctima en el término municipal de Purchena. Lleva una camiseta deportiva roja y zapatos rojos. Tiene unos 30 años. Muestra golpes en cabeza y cuello. Su cuerpo ha sido trasladado tras el asesinato. Sin identidad. Ejerce la prostitución. Ropa interior roja.

La segunda víctima, diez meses más tarde, aparece en Vélez-Rubio. Cuerpo desnudo. 24

años. Prostituta. Estrangulada. Trasportada después del crimen. Zapatos y ropa interior negra.

Tercera víctima, tres semanas después. Encontrada en los acantilados de Carañete, carretera de Aguadulce. Similar edad que las anteriores, tirada boca arriba, desnuda y con un fuerte hematoma en el cuello. Arrojada desde la carretera. No hay huellas ni postas reseñables. Ropa interior negra.

Cuarta víctima, dos meses más tarde. Hallada en Punta Entinas. En avanzado estado de descomposición. Sólo lleva un sujetador rojo. Prostituta como las anteriores. Fuerte golpe en la sien.

Quinta víctima: medio año más tarde. Encontrada en Almerimar en la zona de construcción de una urbanización. 28 años de edad. Desnuda completamente. Arrojada desde más de 40 metros de altura.

Sexta víctima: menos de un año de la anterior, 22 años, también en Aguadulce. Desnuda, estrangulada y con el cráneo roto. Tampoco se encuentra ninguna vestimenta ni documento identificativo. El cadáver ha sido arrastrado con cuidado para no dejar huellas. Estaba embarazada. También prostituta.

Séptima víctima: seis meses después es hallado otro cadáver en El Ejido. 25 años, con sujetador de color rojo. Muerta por estrangulamiento. Trasladada de la escena donde se comete el asesinato.

Octava víctima, después de un año, se encuentra a una joven de 22 años, desnuda y estrangulada en el campo de fútbol de la barriada de Los Ángeles, con las ropas dispersas a 20 metros. No hay ni una gota de sangre, el cuerpo también ha sido trasladado.

Novena víctima: veinte meses después, se halla otra mujer estrangulada, en una sima entre Aguadulce y la capital, 24 años, prostituta. Desnuda con un fuerte golpe en la cabeza y el cuello partido. Trasladada del lugar del asesinato.

Décima víctima: Una mujer de Barcelona aparece con el cráneo y la cara destrozados en un descampado de la zona de Almería. 40 años. También ejerce la prostitución. Aparece parcialmente desmembrada y quemada.

Clasificación del crimen

El crimen en cuestión puede ser clasificado como cometido por un asesino en serie. Douglas y Burgess (1986), definen al asesino en serie como "aquel que realiza 3 o más homicidios en diferentes lugares, en momentos diferentes de tiempo, que pueden consistir en días, semanas o meses". Egger (1990), habla de la necesidad de cometer un segundo delito con víctima desconocida, en otro lugar o momento posterior. La mayoría de los autores se decanta por considerar un mínimo de tres asesinatos para definirse como "en serie" (Hickey, 1991; Jenkins, 1988).

Un homicida sexual no tiene porqué ser un asesino en serie o sistemático y viceversa. Este se caracteriza por que elige a sus víctimas, o al menos algunos rasgos característicos en ellas. El problema surge cuando elije víctimas con las que no tiene relación. Desaparece el círculo de relaciones como fuente privilegiada de investigación, y se precisa un análisis dependiente de hallar pistas circunstanciales.

El asesino en serie se expresa a través de sus crímenes. Cada vez que mata, pone más énfasis en su "yo" criminal. Los primeros tres crímenes son una "prueba" del modo en que ha de asesinar; con el segundo grupo de tres víctimas realiza el "*súmmum*" de su obra, y con el tercer grupo y posteriores comienza un período de decadencia puesto que puede comenzar a aburrirse o a descuidar su práctica. Su fantasía gira en torno a lo que pasó y lo que puede volver a pasar, su mundo interior se restringe y se canaliza progresivamente hacia esa realidad oculta. Esta fantasía tiene un ciclo recurrente: se fantasea para satisfacer una necesidad, y esa exige que la fantasía se convierta en realidad con un nuevo crimen, que es un nuevo intento de satisfacción de la necesidad. La posesión del objeto es la muerte de la víctima, pero no basta, porque es una realización precaria de ese deseo. Siente un esfuerzo fallido de apagar una sed de algo. La sed volverá a emerger en un tiempo. Es como una adición. Nuestro asesino, no descubierto, mata y deja el cadáver en el mismo lugar, no desmembra los cuerpos, ataca de forma violenta, despersonaliza a las víctimas pensando en ellas como "cosas", deja muchas evidencias físicas.

Existe un "mapa mental", de la zona que todo agresor en serie o sistemático tiene y donde comete los crímenes. Su fundamento es que las personas tienen que concentrarse en lugares conocidos, generalmente cercanos. Esos lugares son "puntos de anclaje"; sitios centrales en su vida como el lugar en que vive, en que trabaja, donde viven algunos familiares, donde ha vivido anteriormente o donde desarrolla su ocio.

La criminología ambiental estudia el fenómeno criminal en función del agresor motivado respecto de un objetivo potencial en puntos concretos del espacio físico y el tiempo, Brantingham y Brantingham 1984. De esta forma, la criminología ambiental busca patrones criminales explicables en términos de influencia ambiental, con el objetivo de establecer reglas que permitan predecir y desarrollar estrategias de afrontamiento y prevención del crimen. Esta disciplina tiene en cuenta otra serie de factores aparte de los correspondientes a la relación criminal-víctima, viendo el crimen desde un enfoque que momentáneamente no tiene en cuenta a los sujetos implicados en la acción delictiva, sino al espacio físico en que se producen y el momento temporal en que tienen lugar, introduciendo el escenario, el ambiente y sus variables geográficas, espaciales y temporales como elementos condicionantes de la consumación del ilícito.

El enfoque ambiental, según Wortley y Mazerolle 2008, se basa en tres premisas: la primera afirma que la conducta criminal está influenciada por el ambiente inmediato en el que ocurre: el ambiente participa como elemento criminógeno, afectando al comportamiento del criminal y las decisiones que este toma. En la segunda, se expone que la distribución del crimen en tiempo y espacio no es azarosa. El crimen se concentrará en ambientes concretos en los que, por sus características van a facilitar la comisión del hecho criminal. Y por último, en la tercera, el conocimiento de los factores ambientales influyen en la criminalidad, así como el análisis del crimen, por lo que supondría herramienta de gran importancia para combatir el crimen. Según Felson y Clarke, los agresores toman decisiones antes de cometer un delito, teniendo en cuenta la oportunidad, la percepción anticipada de la recompensa y el nivel de riesgo al que se tiene que exponer (Wortley y Mazerolle, 2008).

Mapas mentales

Bell, Fisher, Baum y Green en 1996 definen mapa mental o cognitivo como una representación personal del entorno del sujeto, es decir, una representación de nuestra forma particular de comprender el entorno. Este esquema cognitivo nos permite adquirir, codificar, almacenar, recordar y manipular información sobre el mismo.

Una de las funciones de estos mapas cognitivos es la de proporcionar un marco de referencia ambiental para movernos por nuestro entorno. La persona que no es capaz de relacionar el lugar en el que se encuentra con su contexto personal se encuentra perdida. Por lo tanto, este mapa mental es un elemento que permite la toma de decisiones sobre hacia dónde desplazarnos y cómo hacerlo, lo que supone además una sensación de seguridad emocional, según Aragonés en Jiménez, 2008. El mapa mental es entonces un esquema a modo de mapa o plano que el sujeto ha desarrolla tras sus experiencias y vivencias personales en relación con su entorno y que le permite desenvolverse por su territorio. Todos tenemos en nuestra mente un mapa mental de la zona en la que residimos, la ciudad y el territorio por el que nos movemos a lo largo de nuestra vida.

Y tal y como nosotros hacemos, si lo trasladamos al entorno criminal, observamos que los delincuentes usan su mapa mental para dirigirse a determinados lugares, escoger determinadas zonas, acceder y huir por determinadas, tanto para garantizar su llegada al lugar donde cometerán el crimen, cómo gestionarán ese entorno durante la comisión del mismo - qué tipo de víctimas y obstáculos se puede encontrar, qué sitios le son más cómodos y familiares para moverse, dónde se siente seguro...- y de qué vías de huida dispondrán, es decir, su mapa mental les permitirá establecer la relación con su entorno para cometer sus actos, y que a su vez, estos estarán condicionados por su mapa cognitivo. Jiménez, 2008.

Los agresores sexuales, en ocasiones pueden aumentar las distancias y hacer zigzags para escapar de la detección y ejecutar mejor sus delitos. Puede realizarse lo que se llama un "desplazamiento temporal" cuando muestra períodos de inactividad intercalados entre las agresiones, o un "desplazamiento conductual" porque aunque mantiene elementos sustanciales en el *modus operandi*, cambia otros, como el arma homicida o el tipo de víctima (Davies 1997).

Los agresores sistemáticos, cuentan con un guion donde se puede leer "actuar con violencia" y cuentan con importantes incentivos: placer sexual, dominio, control de la víctima (poder) u otras satisfacciones psicológicas. Permiten que de algún modo se averigüe si la violencia infligida a la víctima es instrumental, aquello que hace para controlarla (como maniatar a la víctima), o la que ejerce para expresar algo a través de su delito, como desprecio, humillación, cosificación...

Reconstrucción del crimen.

Este agresor supuestamente actúa por la noche, en fin de semana, en el ambiente de ocio nocturno de la ciudad. Contrata los servicios sexuales de una mujer y la lleva en su coche a un lugar alejado del centro de la ciudad, tal vez en un descampado o en algún lugar solitario de la carretera donde no pueda ser visto. Utiliza sus servicios, en algunos casos también abusa sexualmente de ellas, y después las mata por estrangulamiento, o un golpe en la cabeza, o ambos. Traslada el cadáver y lo arroja por un barranco o por algún lugar pedregoso. En algunos cuerpos se hallan múltiples golpes, probablemente porque se resistieron. No las entierra ni las esconde. Las deja a la vista, desnudas o con alguna prenda interior y en algunas ocasiones con los zapatos puestos. La ropa interior siempre es roja o negra (propia de las mujeres que llevan a cabo esa profesión). No hay restos ni manchas de sangre alrededor del cuerpo, ni identificación posible, hasta que estas no son reconocidas por sus compañeras de profesión.

El *modus operandi* (M.O.), va perfeccionándose con el tiempo ya que aprende a corregir errores en los crímenes anteriores como control de reacción de las víctimas. Dentro del aprendizaje "íter críminis" (Canter 1994), cada asesino muestra una mayor violencia a medida que va acumulando asaltos, o bien esta será más impersonal, cosificando a la víctima. La víctima, deberá tener más o menos características amplias: son generalmente vulnerables y fáciles de controlar. Mujeres jóvenes, vagabundas o prostitutas, (Egger 1984). Suelen ser atacadas en campus universitarios, barrios chinos y lugares de ocio nocturno muy concurridos. La causa de la muerte suele ser acuchillamiento, asfixia, estrangulamiento o apaleamiento. Los asesinos sádicos las atan y suelen escenificar el crimen. Buscan con ello que las personas que descubran el cadáver se vean muy impresionadas.

Desarrollo del perfil

Tras la exposición de la información previa, de la que se deduce que nos encontramos ante un asesino en serie, pues encaja con el funcionamiento de los delitos cometidos por estos ya que siguen un mismo patrón de acción, se procede al desarrollo de un perfil del criminal de tipo inductivo, teniendo en cuenta las características del comportamiento criminal y las evidencias recogidas, intuyendo las características psicológicas y demográficas del autor:

Número posible de autores.

Por los datos recogidos y teniendo en cuenta el M.O., puede afirmarse que se trata de un solo agresor, ya que las víctimas tienen todas un patrón concreto, excepto la última víctima que tiene edad superior al resto, 40 años, y que aparece desmembrado y parcialmente quemado. Este hecho puede interpretarse como la posible existencia de un imitador del agresor inicial, ya que hasta esta última todas presentan un patrón de muerte muy similar. Sin embargo, es propio de los asesinos en serie de tipo organizado desmembrar a sus víctimas aunque hasta este último ataque no lo hubiera hecho, tal vez para llamar la atención de la policía, o por que esté pasando a una fase de degeneración en sus crímenes. Debido a esta conclusión, es viable afirmar la existencia de un solo asesino en serie, ya que el *modus operandi* y los escenarios son suficientemente expresivos para tal afirmación.

Zona de actuación.

Siempre baraja una misma zona de acción, Almería y sus alrededores. Aleja a la víctima del lugar del que inicialmente requiere sus servicios, situado en la zona del Zapillo. Utiliza por tanto, distintas escenas: la escena del crimen y la escena del hallazgo. La zona en que actúa es el Poniente Almeriense, El Ejido, Aguadulce y los acantilados de la Vallana. Al lado opuesto de la ciudad, el río Andarax.

Modus Operandi

Crímenes rápidos, siguiendo un procedimiento seguro y bien aprendido: estrangulación, golpe en la cabeza, en algunas ocasiones ambos, y rotura del cuello de alguna de sus víctimas. Ejecución rápida y segura del resultado de muerte. Las desprovee de identificación, las desnuda, excepto alguna prenda de ropa interior.

Victimología – Patrón Victimológico.

Son todas mujeres jóvenes, de entre 20-30 años, excepto una mujer de 40, la última víctima. Todas son de pelo oscuro, rizado, morenas de piel. Raza musulmana o gitana. Estatura entre 1,50 y 1,60 cm. Delgadas. Todas ejercen la prostitución. Casi todas ellas son drogodependientes, viven en ambientes marginales, alejadas de un entorno familiar que las requiera, socialmente estigmatizadas. Son fácilmente abordables ya que se puede aseverar que aceptan irse con su asesino porque este requiere sus servicios. Todas llevan lencería roja o negra propia de la profesión.

Es probable que no tengan reticencia en prestar sus servicios por que el asesino sea educado con ellas, tenga conversación agradable y por ello no les cause indicios del verdadero propósito de su verdugo.

Posible perfil del autor

Se trata muy probablemente de un asesino en serie, varón, blanco, de entre 30 y 45 años, fuerte, tal vez casado o en pareja, conoce muy bien las carreteras de la provincia, posiblemente sea conductor profesional. Conoce la provincia de Almería por la que se mueve con facilidad. Actúa en solitario. Vive en la zona y asienta en ella su "base de operaciones" para poder desplazarse con total facilidad. Es organizado, planifica el día, tiene cuidado para no dejar indicios sustanciales de la autoría. Violento y agresivo en el momento de quedarse en soledad con la víctima. Las mata el mismo día de la semana, probablemente sábado por la noche para beneficiarse del anonimato que la noche y las zonas de ocio producen, tal vez porque tiene un trabajo con un horario estricto y puede tener otro tipo de obligaciones familiares u obligaciones muy específicas. Es culto, tal vez con una doble vida. Es capaz de ser sociable cuando lo necesita para lograr su objetivo, lo que le permite manipular a sus víctimas pues ninguna tiene rasgos característicos ni intensos de lucha, por lo que no suponían que su final fuese el que padecen. Ataca pues, de manera sorpresiva. El golpe en la cabeza parece ser lo primero que ejecuta, para tener mayor seguridad y menos resistencia para llevar a cabo el estrangulamiento,

Se siente realizado cometiendo estos crímenes. Utiliza distintas escenas: la del crimen, donde realiza el hecho delictivo; la del hallazgo, donde se localiza el cuerpo. No hay restos de sangre, ni ropa (excepto en una víctima que están esparcidas a unos 20 metros de esta), ni documentación identificativa. Existe en su actuación un período de "enfriamiento", lo que revela el control férreo del escenario del crimen, por lo que hablamos de una personalidad psicopática, ya que asesina impunemente sin que afecte al normal desenvolvimiento de su vida, al menos aparentemente.

Junto al cuidado de no dejar indicios, cada vez cosifica más a sus víctimas, y es difícil que deje de matar motu proprio, más allá de los períodos de enfriamiento. Puede haber dejado de matar porque haya ingresado en prisión por algún delito no relacionado con los crímenes, haya muerto o le haya surgido algún impedimento físico.

El psicópata, realiza los actos cognitiva y volitivamente de forma consciente, para el disfrute de sus sentidos; por ello no esconde las víctimas. No siente dolor, ni empatía y necesita sentirse poderoso, cuanto más daño causa, más se motiva para continuar. Es narcisista, está seguro de su éxito y no duda en repetir el mismo patrón. Incluso puede seguir las noticas en prensa para alimentar su ego.

Puede que viole a sus víctimas además de hacer uso de sus servicios. Logra satisfacción sexual por el control que es capaz de generar sobre la víctima a la que cosifica y deshumaniza. Busca notoriedad, publicidad, reconocimiento, éxito, manifiesta desprecio por la finada, por su profesión y su mundo, tal vez porque fue hijo de una prostituta, porque ha sufrido humillación por alguna de ellas, o por imitación de "The Ripper" cien años antes, como un tributo a él y "su obra". Su estilo personal es la agresión planificada mediante el uso del automóvil, el recurso de una inteligencia rápida adaptada a situaciones emergente, en las que traslada el cadáver para no dejar indicios ni rastros, siendo incluso su propio vehículo en el que podría acabar con sus vidas. Todas las fallecidas llevan ropa interior de color rojo o negro, características de las mujeres que realizan esta profesión, y las deja con alguna prenda puesta para manifestar públicamente a lo que se dedican. Por tanto, hablamos de un ritual en su M.O., alguna necesidad de expresar algo interno, dejando así una importante huella psicológica.

Se produce además un perfeccionamiento entre la 4ª-5ª y 6ª víctima, cuando está en el "*summum*" de la comisión de sus crímenes, donde subsana errores cometidos en sus primeras tres víctimas asesinadas, y se observa una degeneración y cosificación en las 4 últimas.

Este asesino serial no llegó a ser identificado, tal vez por la dificultad de llegar a conclusiones determinantes dada la época en que se producen los hechos, y quizá también por que las investigaciones debieron ser revisadas por un equipo especializado, que pudiera discriminar elementos esenciales en la escena.

14.- Parker Ray, David:

El asesino de la caja de juguetes

Es importante hacer en este caso, una serie de aclaraciones sobre aquél tipo de asesino serial cuy patrón de acción pasa por completar sus acciones mediante agresión sexual, siendo esta, y el placer sádico es la motivación principal de su acción violenta. Bien pueden ser denominados depredadores. Este tipo de agresores, presenta unas características propias, como la baja autoestima, alta impulsividad, socialización inapropiada —normalmente por un proceso educativo incorrecto-, abuso infantil o abandono — pues suelen provenir de familias desestructuradas-, fantasías sexuales desviadas, que afectan a su comportamiento sexual, a las relaciones sociales y a los procesos de cognición y emoción. Estas características inciden directamente en el ámbito personal y por ende, en la motivación del sujeto agresor. Esta motivación se centra en tres aspectos principales: ira contenida que se expresa a través de la agresión (como sería el caso de Ted Bundy); sexualidad, que se expresa a través de la violación (como sería el caso de Andrei Chikatilo); y por último, u no necesariamente en este orden, el poder, que se expresa en la necesidad de control, como sería el caso de David Parker Ray, que es el agresor sexual serial que analizaremos a continuación.

Los estudios llevados a cabo por Groth et al., 1977, concluyen que las tipologías giran alrededor de la premisa de que la violación es un acto pseudo-sexual en la que el sexo sirve de vehículo a las motivaciones primarias de poder y violencia. Las vemos desglosadas a continuación como eje vertebrador del perfil criminal del sujeto objeto de nuestro análisis.

1.- Busca aumentar la confianza

2.- Ira y venganza

3.- Depredador (poder)

4.- Sádico

1. Busca aumentar la confianza

Denominado violador compensatorio.

Menos competente socialmente y el menos violento y agresivo. Presenta baja autoestima y sentimientos de inadecuación. Es más probable que sea soltero y viva con uno o ambos padres. Suele ser callado y de actitud pasiva. Tiene pocos amigos y no tiene pareja sexual. Puede acudir frecuentemente a librerías de adultos o sex-shops cerca de su lugar de residencia. Debido a su limitado nivel educativo normalmente trabajará en empleos de baja cualificación, donde es visto como un buen trabajador y digno de confianza. Por tanto, socialmente aceptado, y sin levantar sospechas de su perfil delictivo. Puede tener diversas parafilias: travestismo, conducta sexual promiscua, exhibicionismo, fetichismo, masturbación excesiva, voyerismo, importante porque puede ser la manera de seleccionar a las víctimas de su alrededor (verlas en su habitación).

El objetivo de la violación es elevar su autoconcepto -autoestima- porque se percibe como menos masculino, por lo que siente que controlando a otro ser humano, recupera ese control. Expresará sus fantasías sexuales, preocupándose por el bienestar físico de la víctima y no le hará daño de manera intencionada, sólo el que le permita acceder al control de la misma. Actúa bajo la creencia de que la víctima está disfrutando. Entre las conductas típicas que llevan a cabo en la comisión del hecho delictivo, podemos encontrar conductas peculiares como pedirle a la víctima que hable de manera ordinaria, aunque el agresor usará pocas palabras soeces o de mal gusto.

El patrón de acción y victimología será habitualmente mediante ataque merodeador (vecindario o cerca trabajo), donde la edad de la víctima seleccionada es similar a la del autor. Misma raza violador y víctima. Su acción se repite cada 7-15 días (por su impulsividad). Se desplaza a pie. Puede ser impotente. Utilizará armas de oportunidad, porque no suele llevar la suya propia (elementos cortantes, punzantes o para golpear que encuentra de paso). La violencia puede incrementarse durante la violación, si la víctima se resiste. En ocasiones puede intentar volver a contactar con sus víctimas para preguntarlas por cómo se encuentran o querer volver a verlas.

En su M.O. puede adoptar conductas como la de ocultar el rostro de las víctimas, y sus violaciones continuarán hasta que la persona sea detenida. Suele coleccionar "souvenirs" (ropa interior, horquillas, pulseras...), para revivir el hecho cuando los observa, e incluso llevar un diario con las violaciones y nombres de las víctimas. Actúan normalmente de noche.

2. Ira y venganza

Este perfil de sujeto suele querer causar daño a la víctima.

La violación será una expresión de venganza de las injusticias reales o imaginarias que ha sufrido por parte de las mujeres. Será frecuente el maltrato en la infancia y problemas familiares - núcleos familiares desestructurados, padres ausentes, madres alcohólicas, ausencia de algún progenitor, excesiva autoridad. El agresor en este caso es competente socialmente, tiene habilidades sociales y suele saber desenvolverse. En consecuencia es más violento, más peligroso y más agresivo. Puede trabajar en puestos arriesgados. Es probable que esté casado pero su pareja no imaginará nada de las necesidades sexuales del agresor, ya que este nunca la habrá forzado a ella sexualmente.

• Normalmente tratará a la víctima con insultos y lenguaje soez; puede arrancar su ropa y utilizar un arma de oportunidad, incluidos puñetazos y patadas, para dominarla o para expresar su ira. Por tanto vemos que es más impulsivo.

• Utilizará violencia verbal con el propósito de excitarse y para infligir miedo y terror a la víctima, ya que esto le supone placer y le hace sentir control de la situación y poder sobre la víctima.

• Agresividad gratuita y creciente durante la violación.

3. Depredador (poder)

En este caso, la agresión sexual es un acto impulsivo de depredación.

El agresor en todo momento tiene sentimiento de superioridad simplemente por ser hombre, y viola porque piensa que tiene derecho a hacerlo. La agresión busca la sumisión de la víctima; es indiferente a sus sentimientos. La trata como un objeto o como mercancía que debe hacer lo que él desea, cómo y cuando él lo ordena. Se han dado casos en los que este tipo de agresores tienen antecedentes por violencia de género y varios matrimonios o vidas en pareja fracasados. Entre sus costumbres, suelen acudir a bares para ligar con mujeres y para llamar la atención suelen hablar alto, hacerse notar, y de alguna forma, intentando validar su imagen varonil y masculina. Esta tendencia a seleccionar y contactar con la víctima en lugares donde haya muchas mujeres (bares o pubs, zonas de ocio), es muy común en este tipo de depredadores, puesto que se encuentran en un entorno social en el que se favorecen las relaciones entre desconocidos, de forma que la predisposición a entablar conversación con personas desconocidas no supone un problema.

Una vez está a solas con la víctima, la ataca con violencia verbal y física. Si hay resistencia por parte de la víctima, la dominará físicamente hasta que haga lo que él desea. Violará cada 20-25 días, pues es un sujeto muy impulsivo y de escaso autocontrol sexual. La agresión será en escalada y no ocultará su identidad (mediante máscara, oscuridad, vendar los ojos). Pueden llevar un kit de violación.

En algunos de ellos, se dan indicios de conducta sexual postmortem (necrofilia), desmembramiento de la víctima. Conductas parafílicas, y es habitual que consuman drogas y material pornográfico (aunque presentan diferencias con los agresores sexuales de menores.

4.- Sádico

Es el agresor más peligroso.

Su objetivo es hacer realidad mediante la violación sus fantasías sexuales y agresivas, infligiendo dolor físico y psicológico a las víctimas. Muchos tienen personalidad antisocial, son muy agresivos en su vida cotidiana, sobre todo cuando se les critica o frustra. Los rasgos psicopatológicos o la personalidad psicopática pueden estar presentes en su conducta. En un momento de su infancia no determinado con exactitud -aunque en ocasiones sí existe un detonante concreto-, asociaron agresión con satisfacción sexual. La mayoría ha sufrido maltrato físico en la infancia o han presenciado conductas sexuales inapropiadas (ej. Padres que se violan entre ellos).

Estos sujetos, pueden presentar algunas parafilias desde la juventud ya mencionadas como voyerismo, sexo promiscuo, excesiva masturbación. En lo que respecta a su vida adulta, este tipo de agresor suele estar casado y llevar una vida ejemplar a los ojos de su vecindario, de su entorno laboral, social, etc. Elegirá para vivir una zona de baja incidencia delictiva. Nivel educativo superior a la media. Tendrá una personalidad compulsiva- en algunos casos un TOC muy marcado-, lo que se podrá apreciar tanto en su apariencia personal como en el coche que conduce, que estará ordenado, limpio y conservado en perfectas condiciones. Suelen ser una persona con un nivel de inteligencia alta, lo que no significa que este sea un rasgo directamente asociado a este tipo de agresores.

Dado el tipo de vida ordenada, pulcra, socialmente aceptable que lleva a la vista de los demás, no suelen ser personas con antecedentes penales, ya que es altamente planificador, por lo tanto, mostrará mucho autocontrol. Buscará información sobre técnicas de investigación policial, lo que le otorgará conciencia forense. El perfil de edad, es una media de 30 a 40 años. El tipo de trabajo que desempeña, suele ser de oficina o de tipo intelectual, no físico.

En su acción delictiva no se observa una conducta de necesidad de control de la víctima en forma de sometimiento y aceptación de la agresión, sino presenciar el dolor mediante torturas, golpes, cortes, mutilaciones, etc., y si no es detenido a tiempo, comenzará a asesinarlas (pasará de agresor sexual serial a asesino serial, aunque el homicidio es secundario).

En su M.O., podemos observar un proceso reiterado de acción: usará vehículo para seleccionarlas, con mucha precaución para no ser visto. Las captará en un lugar donde tenga control y se sienta seguro. Suelen recorrer bastante distancia, aunque la mitad de estos violadores habrán realizado una violación cerca de su residencia o lugar de trabajo. Infligirán terror a sus víctimas y usarán mordaza, cinta adhesiva, esposas, cuerdas, cuchillo, máscara, u otro instrumental para la comisión de sus crímenes: "kit de violación". Podrán vendarles los ojos para incrementar el miedo en ellas y la excitación en él. Les contará sus planes detalladamente y usando lenguaje ofensivo. Puede cambiarles el nombre (y llamarla como su madre u otra mujer significativa), ya que en muchas ocasiones, la víctima representa para el agresor alguien de su entorno que le ha causado mucho dolor emocional o físico (una madre, una amiga, una amante, una esposa). El ataque es muy ritualista. Cada violación seguirá un guión que debe llevarse a cabo: decir ciertas palabras, hacer ciertas cosas, ponerse en determinada postura. El agresor puede sufrir eyaculación retardada. Progresivamente será más eficaz en sus métodos -perfeccionará su M.O.-, tanto de selección como de abandono del cadáver (en caso de haberlas matado). A veces puede estar levemente intoxicado. No siente remordimientos de sus crímenes, de ahí que se pueda afirmar que presenten rasgos psicopáticos o presenten personalidad psicopática.

Pasamos a continuación a sumergirnos en el agresor sexual serial y asesino serial David Parker Ray. Nació en el año 1939, en Nuevo México. Fue abandonado por sus padres y criado por su abuelo, un hombre violento y temperamental que solía golpearlo. Fue un estudiante promedio que, de forma precoz, comenzó a mostrar un retorcido interés por las chicas, llegando incluso a fantasear con raptarlas, torturarlas y violarlas. Estaba obsesionado por la pornografía dura y el bondage. Se masturbaba compulsivamente imaginando que sus fantasías sádicas se volvían realidad. Algún biógrafo asegura que David había cometido su primer asesinato antes de haber cumplido 20 años, sin embargo, esto no ha podido demostrarse al no tener evidencias suficientes. A pesar de abusar del alcohol y las drogas, David consiguió graduarse sin mayor problema en 1957 y, en 1959, contrajo matrimonio con una chica de su pueblo. En esta etapa de su vida ingresa en el ejército de Estados Unidos en donde se especializó como mecánico de aviones. Pero su vida marital fue un fracaso; era un depredador sexual y no consiguió que su primera mujer le siguiera en el juego, por lo que se divorciaría en 1961, y en ese mismo año contrae matrimonio de nuevo, pero que solo dura 6 meses, debido a las excéntricas exigencias sexuales de David. Se casó nuevamente en 1966 y fruto de este matrimonio tiene una hija. En 1969 ya era un reconocido miembro de la comunidad. Había impartido clases en una escuela de aeronáutica en donde lo recordaban como un genio de la mecánica. A esto hay que añadir la personalidad extrovertida, encantadora y alegre, además de su predisposición a ayudar a todo vecino que tuviese un problema, lo que convierte a David Parker en un respetado referente en su pueblo.

Sin embargo, en lo personal, las exigencias sexuales con su tercera esposa cada día se volvían más violentas y denigrantes, por lo que ella terminó pidiéndole el divorcio. Parker Ray buscaba una compañera que le ayudara a satisfacer sus cada vez más retorcidas fantasías que incluían bondage, tortura y violaciones. Como no lo consiguió decidió raptar a chicas por su cuenta. Si bien se desconoce el año en el que realizó el primer secuestro, se presume que esto sucedió antes de cumplir los 25 años. A pesar de esta enfermiza afición a torturar y someter a mujeres, no las asesinaba si no consideraba que fuera necesario. Sentía placer haciéndolas sufrir la mayor cantidad de tiempo posible y experimentando con distintos métodos que, poco a poco, fue perfeccionando. Comenzó a estudiar anatomía humana y adquirió varios libros sobre la historia de la tortura para ponerlo en práctica. Aprovechando sus conocimientos sobre mecánica, diseñó y construyó sus propias herramientas de tortura a las que, incluso, llegó a bautizar y rotular con distintos nombres.

La tortura que infligía no solo era física sino que también recurría a la psicológica, confeccionando un manual para el torturador en donde era necesario cumplir con determinadas prácticas para mermar psicológicamente a sus víctimas. David Parker describe la forma de intimidar, desorientar y someter a la víctima, además de cómo ir llevando a cabo sus torturas, incrementando de forma paulatina su intensidad. Finalmente, consigue una pareja con la que compartir estas prácticas y hacerla partícipe activa, si bien cada uno de ellos desempeñaba un papel distinto. Contaba, además, con la colaboración de otras dos personas: su hija y un muchacho joven.

Cuando el caso de Parker Ray se hace público, varias historias oscuras que se contaban en los alrededores de la zona en donde él actuaba y residía, empezaron a cobrar sentido: cadáveres que comenzaron a aparecer en el desierto, prostitutas que fueron víctimas de brutales ataques sexuales y que no recordaban qué les había sucedido o desapariciones sin explicación alguna. Otras fuentes comentaban que David Parker también participaba en actividades relacionadas con el tráfico de personas, vendía a mujeres jóvenes como esclavas sexuales en la frontera de México. Sin embargo, esto nunca pudo ser confirmado. Algunos investigadores sospechaban que estaba involucrado en varias desapariciones denunciadas en la Ciudad de Juárez. Después de la detención de David Parker y de su pareja, a raíz de las declaraciones de una de las víctimas que consiguió darse a la fuga y salir del cautiverio al que había sido sometida por ambos, la policía realizó un registro en la vivienda de los detenidos así como en el tráiler anexo a la vivienda, que resultó ser lo que más tarde se conocería como "La caja de juguetes".

A pesar de las numerosas evidencias encontradas en la escena del crimen, la investigación se torno cada vez más compleja. Se hizo notorio y público que David Parker organizaba orgías y fiestas privadas dentro de su propiedad, supuestamente había mucha gente involucrada como personas muy vinculadas a la política. Se hacía patente que estas nuevas circunstancias que rodeaban al caso ocultaban más secretos de los que, en un principio, se trataba de desentrañar a lo que se añadía que parte de la población estaba relacionada con estos acontecimientos lúdicos que implicaban, como mínimo, torturas y violaciones. Lo único que pudo hacer la policía en ese momento, fue detener tanto a Parker Ray como a su pareja, al igual que a su hija y otro muchacho joven acusados de secuestros y torturas. A pesar de las declaraciones descriptivas de los acontecimientos a los que fueron sometidas algunas víctimas que logaron sobrevivir a estas experiencias, no resultó suficiente para inculpar a David Parker, principalmente, porque todas ellas eran mujeres dedicadas a la prostitución, con adicciones al alcohol u otro tipo de sustancias estupefacientes y, sobre todo, al no haberse encontrado ningún cadáver o restos humanos que pudieran relacionarse con este caso. Los especialistas más veteranos creen que podría tratarse de uno de los más prolíficos asesinos en serie de todo Estados Unidos.

El autor falleciera aquejado por un fallo cardiaco a la edad de 62 años, en mayo de 2002, pero sin antes haber ingresado en prisión para cumplir su condena de 223 años de cárcel.

• nació el 6nov de 1939, en Nuevo México.

• abandonado por sus padres y criado por su abuelo, un hombre violento y temperamental que solía golpearlo.

• Visiona habitualmente pornografía sadomasoquista, con su padre alcohólico que lo visita de vez en cuando.

• de forma precoz, comenzó a mostrar un retorcido interés por las chicas, llegando incluso a fantasear con raptarlas, torturarlas y violarlas.

• 1er asesinato antes de los 20años.

• Se gradúa en 1957, y en 1959, contrajo matrimonio con una chica de su pueblo. No consiguió que su primera mujer le siguiera en el juego de depredación, y se divorcia en 1961.

• Ingresa en el ejército de Estados Unidos en donde se especializó como mecánico de aviones.

•Se casó nuevamente en 1966 y tuvo una hija. Pronto se divorcia.

• Imparte clases en una escuela de aeronáutica: genio de la mecánica.

• Personalidad extrovertida, encantadora y alegre, además de su predisposición a ayudar a todo vecino que tuviese un problema,

• Respetado referente en su pueblo.

• Se casa por tercera vez: peticiones cada día más violentas y denigrantes, por lo que ella le pide el divorcio.

• Busca una compañera que le ayudara a satisfacer sus fantasías que incluían bondage, tortura y violaciones. Como no lo consiguió decidió raptar a chicas por su cuenta.

• Primer secuestro, se presume que esto sucedió antes de cumplir los 25 años, no las asesinaba si no consideraba que fuera necesario.

• Sentía placer haciéndolas sufrir la mayor cantidad de tiempo posible y experimentando con distintos métodos que, poco a poco, fue perfeccionando. Comenzó a estudiar anatomía humana y adquirió varios libros sobre la historia de la tortura para ponerlo en práctica.

• Aprovechando sus conocimientos sobre mecánica, diseñó y construyó sus propias herramientas de tortura a las que, incluso, llegó a bautizar y rotular con distintos nombres.

Perfil criminal

• Asesino y agresor sexual serial organizado

• Psicópata Sádico.

• Distorsiones cognitivas respecto al rol sexual.

• Sin empatía.

• Sin sentimiento de culpa.

• Imposible la reeducación.

• Elevada posibilidad de reincidencia.

• Patrón prolongado de emociones turbulentas e inestables;

• Pensamientos muy polarizados;

• Puede sufrir eyaculación retardada.

Conductas

Modus Operandi: Vivienda de Elephant Butte, México.

• No busca controlar a la víctima sino presenciar el dolor mediante torturas, golpes, cortes, mutilaciones, etc., y si no es detenido a tiempo, comenzará a asesinarlas (pasará de violador serial a asesino serial, aunque el homicidio es secundario).

• Tortura psicológica previa (cintas). Podrán vendarles los ojos para incrementar el miedo. Infligirá terror a sus víctimas y usará mordaza, cinta adhesiva, esposas, cuerdas, cuchillo, máscara, u otro instrumental, lo que se denomina *"kit de violación"*.

• Cuelga a las víctimas bocabajo en el salón de su casa, les describe lo que va a hacer con ellas.

Después, las tiene atadas por el cuello con una cadena y un collar de perro a una columna.

• A veces las hace dormir en un baúl estrecho, o con la cabeza en una caja de madera fabricada por él.

• Pone a sus víctimas inclinadas e inmovilizadas en artilugios de madera (poleas...) mientras hacía que sus perros y otros amigos las violaran.

"Dirty room"

• Las traslada a lo que llama "la caja de juguetes" (semirremolque insonorizado con aspecto de consulta ginecológica): cuenta con una silla de ginecología (látigos, correas, cadenas, poleas, abrazaderas, sierras, barras separadoras de piernas). Las viola con diferentes instrumentos sexuales creados y diseñados por él de distintos tamaños (dildos, agujas, tenazas, bisturíes), instrumentos quirúrgicos. Tiene la ayuda de su esposa, también hace uso de su perro, cada uno tiene un rol concreto, y también participan su hija y el novio de esta. Incluye la práctica del bondage. Entre sus práctica es habitual que las mantenga conscientes, y las somete a torturas que duran varios días. Las víctimas sufren desgarros, otras se desangran, y muchas de ellas mueren de dolor. A algunas las estrangula. Si no mueren, las abandona en la carretera drogadas, de tal forma que cuando despiertan son incapaces de reconocer del lugar del que vienen y recordar que les ha sucedido les resulta muy difícil.

• Se dice que incluso hizo fiestas y orgías con personalidades relevantes del entorno.

• Usará vehículo para seleccionarlas, con mucha precaución para no ser visto.

• Las captará en un lugar donde tenga control y se sienta seguro.

• Suelen recorrer bastante distancia, aunque habrán realizado una violación cerca de su residencia o lugar de trabajo.

• Les contará sus planes detalladamente y usando lenguaje ofensivo.

• Puede cambiarles el nombre (y llamarla como su madre u otra mujer significativa).

• El ataque es muy ritualista. Cada violación seguirá un guión que debe llevarse a cabo: decir ciertas palabras, hacer ciertas cosas, ponerse en determinada postura.

• Progresivamente será más eficaz en sus métodos -perfeccionará su M.O.-, tanto de selección como de abandono del cadáver

• A veces puede estar levemente intoxicado.

• No siente remordimientos de sus crímenes.

Pena:

-Cadena perpetua 224años en 2001 por asesinatos desde 1950 a 1999 por los crímenes contra Cynthia Vigil (sobreviviente), Angélica Montano y Kelli Garrett.

-Se juzgan por separado, de ahí los 224años

-Alega confusión por lo que estaba haciendo... pero finalmente describe los hechos como "hazañas"

-Fallo cardiaco a la edad de 62 años, en mayo de 2002

-No se puede indicar el número de víctimas (se calcula alrededor de 60)

Es detenido por que una de las víctimas hace unas declaraciones tras conseguir darse a la fuga.

La policía realizó un registro en la vivienda de los detenidos así como en el tráiler anexo a la vivienda, que resultó ser lo que más tarde se conocería como "La caja de juguetes".

Así describe cómo se deshace de los cuerpos:

"Lo que hay que hacer es cortarlos por el vientre, sacarles las tripas, llenar la cavidad torácica con pesas de cemento y luego usar alambre de amarre para envolverlos".

Entre las transcripciones de las grabaciones que ponía a sus víctimas, se destaca lo siguiente:

"Has sido elegida... Seleccionada por tu cuerpo y por tu aspecto". "Me gusta el sadomasoquismo, así que cuando siento esa urgencia, voy por una chica. Ambos sabemos para qué te hemos traído... Tus muñecas y tobillos están encadenados y estás amordazada porque no te gustará cómo lo hago. Te quedarás

aquí, desnuda y encadenada... Estarás colgada del techo por las muñecas y te azotaré muy fuerte... con palmetas, cuerdas, látigos, gatos de nueve colas o con lo que me plazca".

"¿Qué otra cosa puedo hacerte?: voy a usar una máquina de electroshock". "Dicen que soy frío y que no escucho, que trato a las personas como objetos para sentir placer... y supongo que tienen razón hasta cierto punto... He traído 37 mujeres con el mismo objetivo... o puede que algunas más. Pero ninguna ha escapado. No lo consiguieron. Tú no serás una excepción... En cuanto termine esta grabación, tendrás una oportunidad excelente para suplicarme que te libere... me encanta cuando ruegan y suplican".

15.- Rabadán, José:

El asesino de la catana

Vamos a revisar en este apartado el conocido caso del asesino de la Catana, José Rabadán, del que mucho se ha escrito y hablado, que a sus dieciséis años mató, allá por abril de 2000 a sus padres y a su hermana. Vamos a repasar los hechos, y veremos que se dan en él dos causas de inimputabilidad: una porque el diagnóstico clínico fue un brote psicótico en la fase áurea de una epilepsia (aún existen opiniones contrarias a la realidad de esta afirmación), y por otra parte, la coincidencia de la entrada en vigor de la Ley del Menor que favoreció en la cuestión referente a la imputabilidad del sujeto en cuestión.

Cada lector podrá formar su opinión a raíz de los hechos que se exponen, pero recordemos que la objetividad es el criterio que debe seguirse siempre tanto en la valoración de los hechos, en la valoración del imputado y en las circunstancias (exógenas y endógenas) que rodean los hechos.

En este caso concreto, vamos contextualizar los hechos a través del informe pericial realizado al menor como supuesto práctico, y que servirá al alumno a modo de ejemplo para la realización de posteriores informes periciales en las actividades prácticas.

José Rabadán Pardo, de 16 años de edad, comete un triple crimen la noche del 1 de abril de 2000 en la localidad de Santiago el Mayor, Murcia.

A las 3 de la madrugada, tras estar chateando con una chica a la que le cuenta sus planes pero que no les da credibilidad, se acuesta en su cama vestido y con una catana debajo de la almohada, con la firme intención de matar a su familia: sus padres y su hermana de 9 años, decisión que llevaba planeando desde hace algún tiempo. El joven está a la espera de que entre luz suficiente para que pueda ver bien las figuras de sus familiares con la luz de la mañana.

En un momento de la noche escucha a su padre dejar de roncar y cree que se ha despertado, cuestión que le frustra porque piensa haber perdido la oportunidad. Nuevamente, pasado un rato vuelve escuchar roncar a su padre, y decide que ese era el momento. Rondaban ya las 06.30h. Es entonces cuando se dirige a la habitación donde duerme su padre con su espada samurái en las manos. Se acerca a él, pone la espada sobre la cabeza de su padre para calcular el golpe y la descarga violentamente sobre él repetidas veces causándole cortes muy profundos y pérdida de masa encefálica. Este, se lleva las manos a la cabeza como reacción inmediata y José continúa golpeando con la catana haciéndole numerosos cortes en los dedos, casi hasta el punto de la amputación. Posteriormente, le clava hasta cinco veces la catana en el pecho.

Después se dirige a la habitación donde duermen su madre y su hermana esa noche. Mercedes Pardo, su madre, que se ha despertado le ve venir con la catana y grita pidiendo auxilio a su marido. José, directamente le asesta varios golpes en la cabeza y el cuello. Su madre intenta defenderse y luchar, pero el agresor continúa golpeándola produciéndole cortes en los brazos y en las manos. En uno de ellos, al chocar contra el hueso, parte la catana. La madre cae al suelo sin vida. A continuación, se dirige a su hermana que también se había despertado y lloraba sobre la cama, a la que golpea y secciona el cráneo, produciéndole pérdida de masa encefálica y seguidamente le hace más cortes en la cara y en el cuello. Al percibir que la catana está rota, va a su habitación a por un machete y vuelve para terminar su agresión, clavándolo nuevamente en el cuello y en la cara a su hermana repetidas veces. A su madre, que yace boca abajo en el suelo, la apuñala cinco veces más en la espalda. A continuación, decide llevar los cadáveres al baño para meterlos en la bañera y que tarden más en oler. Mete en bolsas de plástico las cabezas casi sesgadas de su hermana y su padre,

para que no manchasen el suelo al arrastrarlos.
Mete a su hermana en la bañera, pero no puede
con el peso de su padre, y desiste de su idea. No
llega a trasladar a su madre hacia el baño.

Después, se sienta en el salón, y pasados unos
minutos, se cambia de ropa (excepto la camiseta
interior), coge un móvil y 15.000 de las antiguas
pesetas (90€ al cambio), y se marcha de su casa.
Llama a la policía en dos ocasiones para decirles
lo que ha hecho. Hace autostop hasta Alicante, y
allí conoce a un chico con el que planea ir a
Barcelona a visitar a la chica con la que había
chateado la noche anterior, a la que avisa de que
va a ir y le cuenta todo lo sucedido. Ella, que ya
ha escuchado la notica en televisión, informa de
todo a sus padres, quienes alertan a las
autoridades de las intenciones del muchacho y
en colaboración con la policía de Alicante cercan
la estación de tren y detienen a José Rabadán el
día 3 de abril cuando pensaba tomar el tren hacia
Barcelona, quien desde el primer momento se
confiesa autor de los hechos.

Los cadáveres son hallados el mismo 1 de abril alrededor de las 17h.

Perteneciente a una familia de clase media, sin problemas económicos; el asesino es un chico aficionado a los videojuegos, la cultura japonesa, las artes marciales, y lecturas satánicas, ésta última afición iniciada en fechas cercanas a la comisión del delito. No es buen estudiante, deja los estudios en 3º de la ESO, en contra de la opinión de sus padres. Comienza unos estudios de Formación Profesional como soldador, que también deja aparcados. No suele terminar ninguna de las tareas que empieza. Es introvertido, callado, de pocos amigos, cada vez se aísla más; pasa cada vez más horas en internet en su habitación, no habla con nadie, sólo chatea y juega a videojuegos, entre ellos Final Fantasy, conocido juego de rol. Colecciona todo tipo de armas blancas y de estilo oriental: machetes, estrellas ninja, puños americanos, e incluso una catana que su padre le regala, ya que quiere ser un ninja y guiarse por la cultura Oriental.

Su padre es muy autoritario y José lo teme hasta el punto de que en ocasiones cuando este le regaña llega a hacerse pis encima, o cuando le da un "guantazo". Sin embargo, su madre siempre lo protege. Está cansado de la presión de las instituciones del colegio y de su casa que sólo le imponen normas y reglas que él no ha elegido y quiere alejarse de todo eso. Por esta razón, planea matar a su familia para sentir que sería vivir sin ellos y comenzar una nueva vida. Quiere cambiar de vida a toda costa. Cuenta sus planes a sus amigos, según él describe para *"obligarse a ello y hacerse a la idea"*, porque *"quería ver la expresión en el rostro de otras personas al explicarles el juego"*.

Llega a convencerse de que su idea es positiva, ya que así sus padres no lo buscarían, y además los *"libraba del sufrimiento cotidiano del trabajo, los disgustos de la familia y los padecimientos por su hermana"*. Su hermana padece síndrome de Down, y José no entiende por qué una niña pequeña tiene que sufrir ese castigo de Dios, lo que produce mucha ansiedad y está enfadado con él por eso al igual que su padre. Este hecho junto con el alejamiento de su entorno social y familiar, le impulsa a acercarse al satanismo, a escuchar música de Marilyn Manson, a vestir de negro... lo que conlleva un cambio en su estilo de vida, siendo cada vez más introvertido y aislándose más de la sociedad.

La sentencia condenatoria de José Rabadán es de 6 años de internamiento en un centro de menores sometido a tratamiento terapéutico y 4 años más de libertad vigilada en una casa de acogida, para evitar que pasara a una cárcel de adultos y no pudiera ser recuperado para la sociedad, y siempre "en el interés superior del menor".

El diagnóstico Psiquiátrico, es según el Dr. García Andrade que lo trata:

"un cuadro de psicosis epiléptica idiopática, que se acompaña de un estado crepuscular en el que

se desencadenó una crisis de automatismo orgánico sin posibilidad de control, dando lugar al homicidio múltiple, inmotivado e incomprensible, que sólo se entiende a través de una interpretación neuro-psíquica y por la que deberá ser sometido a tratamiento y control, que podrá seguir en régimen ambulatorio una vez se halle equilibrado farmacológicamente y electroencefalográficamente".

En función del delito expuesto y dada la información del caso en cuestión, serían aplicables a este hecho las teorías explicativas del delito que a continuación se exponen:

TEORIA DE LA DESVIACIÓN SOCIAL.

La escuela de Harvard, expone el concepto de "anomía" para explicar las situaciones en las que hay una carencia de normas que generan desviaciones en los individuos y en el grupo social al que pertenecen. Y a su vez, cuando las normas son exageradas, pueden producir una rigidez tan patológica como las desviaciones.

(Clemente, 1995). Durkheim, 1897, atribuyó las desviaciones sociales a la anomia. Cuando esta aparece, los deseos humanos están fuera de control. La Teoría del control, Hirschi, dice que es más probable que la desviación ocurra cuando la unión entre el individuo y la sociedad es débil o inexistente. El apego y las operaciones son claves en el control social. Si a la gente no le preocupan las opiniones de los demás, son libres de romper las normas sociales. En el caso que nos ocupa, la adolescencia es un período en el que los cambios que se producen en el individuo a todos los niveles, hacen que estos mismos cambios, produzcan confrontación entre los modelos sociales aceptables de comportamiento, y los nuevos que pretende el individuo adolescente. La confrontación se produce en este caso concreto ante las imposiciones institucionales de familia y escuela. José Rabadán ha vivido bajo un modelo parental autoritario, rígido, con situaciones incluso de agresión física y verbal, que le produce profundo temor a su padre, *"me hacía pis si me daba un guantazo, porque yo le tenía verdadero temor a mi padre",* lo que propicia una baja autoestima, una escasa confianza en sí mismo y el deseo continuo de huir de esa situación. De hecho, en una ocasión se escapa de casa, cuando decide dejar de estudiar (fracaso escolar, factor socioeducativo) y su familia no acepta esa decisión. Su padre lo busca y lo encuentra, cuestión que le hace sentirse de nuevo atrapado y obligado a cumplir las normas imperativas de su casa. Esta situación genera mucha frustración en José, y le produce un aislamiento y una falta continua de apego a sus iguales y su familia. Se rebela contra las normas impuestas como socialmente deseables.

Para José, las normas sólo suponen límites y obstáculos para vivir conforme a su voluntad, y necesita librarse de ellas. No hay para él una unión con la sociedad, es un chico retraído que no se adapta a la sociedad, ya que además últimamente no se relaciona con nadie. Se produce un aislamiento socioambiental respecto de su entorno absoluto.

En la hipótesis de frustración-agresión, podemos observar en su conducta, que meses antes de la comisión del delito, comienza modificar su forma de vida de manera observable: se aísla en su cuarto con el ordenador, deja de practicar actividades con amigos, come y cena en su habitación, se acuesta muy tarde chateando, se dedica a seguir el satanismo, a leer libros sobre este particular, comenzando esa etapa de frustración, que se dilata en el tiempo hasta la comisión del hecho. La fase finaliza con la agresión de José Rabadán a su familia. Para llevar a cabo los hechos, necesita que su padre esté dormido, lo que demuestra el miedo que le tiene y la autoridad que para él representa, ya que mientras él duerme puede llevar a cabo sus planes, porque no tiene que enfrentarse a él. Realiza la acción antes de que se produzca la fase de rápido decaimiento, sin posibilidad de un cambio a nivel cognoscitivo que le haga dirigir toda esa rabia y frustración a un pensamiento positivo y constructivo para ceder ante la comisión del crimen.

TEORIA DE LA PATOLOGÍA SOCIAL.

Esta teoría se basa en la analogía de lo orgánico. Se producen una serie de símiles que utilizan como punto de referencia de las instituciones y organizaciones sociales elementos tomados de la biología. (Herranz, 2004). La sociedad tiene un funcionamiento "sano", con desajustes individuales que unidos al mal funcionamiento de las instituciones constituye obstáculos en su desenvolvimiento y genera interferencias que se consideran "patologías sociales", siendo la delincuencia una de ellas. (Clemente, 1995). Podemos entender de alguna manera que todo aquello que no se ajusta a unos parámetros socialmente aceptados, es una patología social.

Para José Rabadán, su situación familiar y la escuela son instituciones impositivas de las que se tiene que librar, y existen además en él una serie de aspiraciones que en su entorno no puede llevar a cabo y no puede alcanzar, por lo que decide utilizar medios no convencionales para lograrlos, aun saltándose la ley. Por eso busca el modo de librarse de aquello que le supone una limitación y así "sentir que sería vivir sin ellos, y comenzar una nueva vida". Esto implica que el hecho de contar las cosas hace que aumente su motivación psicótica para cometer el delito, le reafirma en el objetivo y le crea el compromiso de cumplir con lo manifestado. Hay una serie de indicadores como son esa cierta hiperactividad que no le permite terminar nada de lo que comienza, ni siquiera las artes marciales ni la cultura japonesa que tanto pretende seguir. Esta hiperactividad afecta al grado de concentración y provoca una pérdida de autoestima, unas deficientes capacidades escolares y un aprendizaje social defectuoso. Tiene una visión muy particular de cómo debe funcionar la sociedad.

Respecto a la enfermedad diagnosticada de psicosis epiléptica al joven, hay estudios en los que se reconoce una relación parcial entre epilepsia y conducta criminal, pero el estigma social es aún más relevante, razón que explicaría el aislamiento casi absoluto de José Rabadán unos meses antes del crimen.

Existen una serie de señales agresivas que se van instalando en José desde su infancia y se acentúan durante su adolescencia, pues le gustan las artes marciales, tiene multitud de armas blancas, y juega con ellas en el bosque imaginando que es un ninja. En determinado momento y de manera definitiva, deja de practicar esos deportes aceptados socialmente como "sanos" con sus amigos, por ejemplo jugar al futbol o reduce su tiempo de ocio, dejando de ir al cine... tiene mayor afición por videojuegos de rol, comienza a acercarse al satanismo y las prácticas oscuras, escucha música que incita a la violencia etc. Esto va formando redes cognoscitivas que, ante estímulos semejantes, se pueden activar propiciando la conducta agresiva parricida que le lleva a planear con mucha antelación terminar con toda su familia.

Su ambiente familiar es a ratos concesivo al extremo, pues es su padre el que le compra todo lo que él pide, y a veces agresivo, cuando su padre ejerce la autoridad excesiva. No siente miedo cuando lleva a cabo el crimen, al contrario, se frustra en un momento en que siente que ya no lo iba a poder cometer cuando cree que su padre ha despertado. No llora en los interrogatorios, no se arrepiente en ese momento de los hechos cometidos. De hecho en una de sus declaraciones el joven afirma que mató a su hermana *"porque ya estaba planeado así, y además ¿quién iba a cuidar de ella?"*. La figura de su hermana es la única que le genera empatía y por la que siente un poco de apego y lástima por la enfermedad que padece. Declara tiempo después que si *"llego a saber qué hubiera pasado esto, no lo hubiera hecho, porque en realidad no cambié mi vida"*, debido a que ahora tiene que cumplir con las normas del centro de menores y de la casa de acogida posteriormente.

Tiene ideas obsesivas persistentes, irracionales y absurdas que afectan a su voluntad, pues declara que no es él quien comete el acto, es "su cuerpo", que para él, el momento en que levanta la catana ante su padre el juego termina y que no quiere hacer lo que hace, pero que "la espada bajó sola, yo no quería, pero bajó sola, sujeta por mis brazos, sí, pero no era yo, no me reconozco ahí", asemejándose su declaración a un delirio de control por la patología sufrida en la que él no es dueño de lo que hace, sino que algo o alguien ajeno a él controla sus acciones y no lo puede evitar. Se da una situación de despersonalización y evasión de sí mismo al manifestar que no se reconoce. Estas ideas de dar muerte a sus padres, pueden estar sobredimensionadas al pensar que la fuente de sus problemas eran éstos, viéndose afectada por ello la capacidad cognitiva y reaccionando de esa manera tan desproporcionada.

16.- Ridgway, Gary:

El asesino de Green River

Se estima que este asesino en serie es responsable de al menos setenta y un asesinatos según confiesa él mismo tras su detención, pero sólo pudo ser procesado por cuarenta y nueve de ellos. Todas sus víctimas fueron mujeres jóvenes que ejercían la prostitución.

Hijo de Thomas Newton y Mary Rita Steinman, Gary crece escuchando los continuos comentarios despectivos hacia las mujeres que ejercen en la calle por parte de su padre, que las insultaba constantemente a pesar de recurrir a sus servicios de manera constante. Incluso Thomas llevaba con él a Gary para que también disfrutase de los servicios de estas jóvenes en el asiento trasero de su coche. En otras ocasiones, Gary tenía que bajar del coche hasta que su padre terminase de practicar sexo con las prostitutas, y pasear hasta que viniesen a por él. En cuanto a la relación con su madre, Gary tampoco lo tenía muy fácil. Vestía de manera provocativa, abusaba del maquillaje, sin parecer para nada "una madre", y siendo al mismo tiempo una mujer muy religiosa. La consecuencia era entonces que María Rita era una mujer muy dominante y discutía constantemente con su esposo en presencia de los hijos, incluso había momentos violentos entre la pareja, también en presencia de los hijos.

Gary solía orinarse en la cama y su madre normalmente lo bañaba enseguida para que nadie lo supiera. Sin embargo, al mismo tiempo que lo bañaba, lo ridiculizaba contando lo sucedido delante de toda la familia. Resultó mal estudiante, lo que definitivamente aumentó la dureza con la que era tratado por su madre. Se le realizó un test para determinar su CI, resultado de 82 puntos, 18 por debajo de la media, lo que tampoco gustó a Rita. En la escuela pasaba desapercibido. Los compañeros lo describen como un niño simpático, con quien el trato era fácil y no llamaba especialmente la atención.

Llegada la adolescencia, Rita aún continuaba bañándolo como cuando era niño, lo que incluía lavarle los genitales, pero ya de un joven en pleno desarrollo, lo que supone un impacto psicológico muy grande para un joven, toda vez que además su madre vestía de manera muy provocativa. Los niños han de ver a sus madres como "asexuadas", y no siendo este el caso, el resultado fue que Gary odiaba y deseaba a su madre del mismo modo. En esta etapa, Gary comienza a meterse en problemas, a pelearse, lo que finalmente acaba en una agresión seria a un muchacho de seis años que jugaba disfrazado a indios y vaqueros cerca de un bosque. Gary se acercó al niño, le empujó hacia unos arbustos y lo golpeó en el estómago hasta casi matarlo. Después, con una navaja le hizo un corte en el hombro y le dijo "siempre me pregunté lo que sería matar a alguien". Cuando acaba el instituto, Gary se casa con su novia, Claudia Barrows, un año menor que él. Se alista a la marina y es enviado a la Guerra de Vietnam, donde frecuenta los servicios de las prostitutas y contrae gonorrea. Obviamente Gary culpa a las prostitutas, lo que incrementa su odio hacia ellas.

Mientras Gary está en Vietnam, Claudia comienza a salir con un amigo de ambos, y al regreso de este, Claudia explica todo a Gary, lo que desemboca en divorcio. Meses después, comienza a trabajar en una empresa dedicada a la fabricación de camiones (Kenworth Truck Company) donde trabajará hasta su detención en 2001. Muchos años antes, en 1973, conocerá a Marcia Winslow, una mujer con mucho sobrepeso con la que contrae matrimonio rápidamente. Gary solicita constantemente a Marcia tener sexo, su apetencia sexual era exagerada, y le era indiferente que fuese en lugares públicos como cines o parques, Gary quería siempre más. Durante esa época Gary abraza la religión, lee la Biblia en voz alta en casa y en el trabajo, y tras su lectura, lloraba. Exigía a Marcia seguir las exigencias de su pastor, y se hizo fanático de la iglesia Pentecostal, e incluso intentaba convencer a sus vecinos de que se convirtieran a esta religión. Esto supuso una fe en aumento que le impedía utilizar los servicios de las prostitutas, su gran obsesión, como confesó tras su detención en 2001.

En 1975, Marcia da a luz un hijo, Matthew. Se opera para resolver sus problemas de sobrepeso y adelgaza, y se convierte en una atractiva mujer que llama la atención de otros hombres. La consecuencia directa serán los celos de Gary y las continuas discusiones que llegaban a las manos e incluso a diversos arrebatos en los que Gary intentó estrangularla. A esto se añade que Rita, la madre de Gary no dejaba de intervenir en la relación matrimonial de Gary y Marcia, intentando controlar los gastos de la familia, tomando decisiones sobre qué debían o qué no debía comprar el matrimonio para su casa, elegía la ropa que tenían que ponerse y acusaba a

Marcia de no cuidar bien de Matthew. Esta situación insostenible termina con la relación matrimonial cuando el hijo de la pareja tiene cinco años. Tras el divorcio, Gary se convierte en un visitante habitual de la autopista 99, carretera que llevaba hasta el aeropuerto internacional de Sea-Tac (Seattle-Tacoma) y que al principio de los ochenta era un área muy frecuentada por la que iba y venía mucha gente, había muchos bares de Top-les, hoteles por horas y mujeres jóvenes que trabajaban como prostitutas. Muchas de ellas habían sido abusadas de menores por sus familias y habían huido de casa. En 1982, comienzan a aparecer cuerpos flotando en el Green River. Dos mujeres atadas la una a la otra, otra encontrada en la ribera... eran niñas con dieciséis, diecisiete años, y una de ellas treinta. Más tarde, otros dos cadáveres, lo que hizo comenzar a hablar del "Asesino del Green River". En 1995, la suma de víctimas ascendía a quince. Entre 1982 y 1984, las víctimas eran prostitutas o chicas que habían sido recogidas en la autopista 99 que huían de hogares conflictivos. Sin embargo, según Ridgway, matar prostitutas resultaba muy sencillo, ya que atraía su atención sólo con enseñarles un poco de dinero, cuestión que no sucedía con las otras mujeres que no ejercían la profesión, además él las odiaba.

Las trataba como si fueran cosas, objetos: *"No eran nada para mí. La follé, la maté y me deshice de ella... Era basura. Por eso yo la cubrí con basura"*. Su mayor ansia era controlar a sus víctimas y sentir el poder que ejercía sobre ellas *"La controlaba cuando la mataba y la controlaba hasta que la descubrieran. La controlaba mientras la tenía en mi posesión. Ustedes no las pueden controlar, yo sí pude"*. Abandonaba los cadáveres en zonas boscosas alrededor del Green River, excepto cuatro que aparecieron en Portland, según Gary, para despistar a la policía. Resultó un psicópata sexual organizado que planificaba sus asesinatos con eficacia, y los ejecutaba con frialdad y eficiencia, lo que le permite no sentir empatía alguna por sus víctimas a las que deshumaniza, humilla y despersonifica. Solía entablar conversación con una prostituta a la que se acercaba en su furgoneta, ganándose su simpatía mostrando fotos de su hijo. Si se la llevaba a su casa, le enseñaba la habitación de su hijo, lo que relajaba a la víctima, y les hacía pensar que era imposible que una persona como Gary fuera peligrosa o agresiva. Luego les pedía a las mujeres que se quitaran toda la ropa, incluidas las medias, y también que usaran el baño antes de mantener relaciones, y porque además sabía que las víctimas de estrangulamiento solían manifestar episodios de incontinencia. Tras mantener relaciones sexuales con ellas, las estrangulaba cuando le daban la espalda. Al principio lo hacía con las manos, pero como las víctimas al defenderse le hacían heridas en las manos, moratones en los brazos, empezó a utilizar ligaduras, muriendo algunas de ellas estranguladas con sus propias bragas. Para él, este método era más "personal" y "gratificante" que dispararlas o cualquier otra cosa que no supusiera un contacto directo: *"ahorcar era lo que yo hacía, y era bastante bueno en eso"*.

Una vez cometido el asesinato, conducía de noche con el cadáver hasta algún lugar apartado de la carretera. Aparcaba la furgoneta lo más lejos posible para no ser visto y se adentraba en los bosques para tirar los cuerpos como si fueran bolsas de basura:

"Les quité la ropa y los objetos personales para no dejar evidencia de quiénes eran y hacer más difícil su identificación. Puse la mayor parte de los cuerpos como si fueran racimos. Hice esto porque deseé no perder de vista a todas las mujeres que maté. Tuve el gusto de hacer un racimo alrededor del condado. Utilicé generalmente una señal para recordar a un racimo. Mi intención fue crear racimos nuevos para no volver a los anteriores y ser atrapado".

Cuando una víctima le arañaba, por seguridad le cortaba las uñas antes de abandonar su cuerpo, sintiéndose orgulloso de que no le descubrieran por ser tan precavido, utilizar guantes para no dejar huellas... e incluso se permitía el lujo de volver al lugar de abandono de las víctimas para tener relaciones necrófilas, aunque esta práctica la reconocería mucho tiempo después de ser detenido mientras trascurría el juicio, aunque decía no recordar sus aspectos ni sus nombres, pero lo cierto es que sabía dónde había abandonado a cada una de sus víctimas y cuándo lo había hecho. Ridgway cuenta que en una ocasión, mientras iba con su hijo en la camioneta, recordó que en esa zona tenía un cadáver escondido, y como su hijo se había quedado dormido, aprovechó para bajarse y tener relaciones con el cadáver, ya que era "sexo gratis", y ya que había pagado por sus servicios en vida, una vez muertas, las podía "usar" a su gusto. Hasta su detención definitiva, Gary es arrestado en cuatro ocasiones: 1980, 1982, 1983 y 1984, pero en ninguna de estas ocasiones hubo éxito, ya que superaba la prueba del polígrafo con suma maestría y entonces tenía que ser puesto en libertad.

Años más tarde, Ted Bundy, otro gran asesino en serie conocido y estudiado mundialmente -David Berkowitz, el Hijo de Sam que hemos leído en páginas anteriores-, se ofreció a prestar ayuda en la investigación del asesino del Green River. Se aventuró además a hacer varias afirmaciones tales como que algunas de las víctimas de Gary eran conocidas suyas, y que era posible que hubiera más cuerpos enterrados cerca de donde se habían encontrado los otros. Los racimos de víctimas debían estar cerca del domicilio de su ejecutor, lo cual resultó cierto.

La investigación cambió su curso, y todos los detenidos y sospechosos de los posibles asesinatos fueron incluidos en una lista que fue comprobada exhaustivamente. En ella se observó que los días de las desapariciones, Gary no había acudido al trabajo y comenzaron a ponerle vigilancia. Además algunas prostitutas que no habían prestado servicios a Gary, pero que le habían visto por la zona, coincidieron en su descripción.

En 1993 ya eran veintiséis los cuerpos hallados y durante el verano de ese mismo año desaparecieron cinco mujeres más y otras cinco en otoño, que fueron halladas al pie de la montaña unas, en el valle del Green River otras, y cuatro de ellas enterradas en un mismo punto. En 1994, la suma ascendía a cuarenta víctimas. De repente, dejaron de desaparecer chicas. Ridgway había comenzado a salir con mujeres que conocía a través de la organización Parents Without Partners (padres sin pareja), dedicada a ayudar a divorciados que afrontaban en soledad la educación de sus hijos tras un divorcio o una separación. Como en esa época su apetito sexual estaba satisfecho, la necesidad de asesinar había cesado (temporalmente).

Así en 1995 conoce a Judith Mawson, de cuarenta años, con la que tener una relación estable, responsable y organizada... En 1998, tras varios años viviendo juntos, contraen matrimonio. A Judith le encanta su suegra Rita, ya que ve en ella a una suegra que se preocupa y que quiere ayudarlos. Aún así comienzan a producirse, de forma esporádica algunas desapariciones de prostitutas en el entorno del domicilio de Gary y Judith. Ella recuerda que, en ocasiones, Gary la llamaba para decirle que no llegaría para la hora de la cena porque tenía trabajo, pero nunca pensó que la razón fuese otra distinta a la que Gary le ofrecía. También era habitual que se marchase a trabajar mucho antes de que comenzase su turno para hacer "horas extras". Finalmente, en 2001, ya se contaba con tecnología informática que permitía crear perfiles usando indicios encontrados a lo largo de los años, además de que las técnicas de investigación basadas en el ADN estaban en auge. Se tomaron entonces muestras de las víctimas, y se cotejaron las muestras de saliva de Ridgway que habían sido facilitadas por él durante las detenciones de 1980 a 1984. El ADN era coincidente en todas ellas, lo que permitió su identificación. El ADN fue localizado en Marcia Chapman, Opal Mills, Cinthya Hinds, Carol Ann Christensen, Wendy Coffield, Debra Bonner, Debra Estes... entre otras. Otras víctimas fueron identificadas como víctimas de Gary por los restos de pintura halladas en ellas y que coincidían con un tipo específico de pintura que se utilizaba en la fábrica Kenworth.

No sería hasta 2003 cuando Gary Ridgway, tras dos años de prisión en una cárcel de máxima seguridad confesara los crímenes. Como no quería ser condenado a muerte, llegó a un acuerdo con el fiscal que le obligaba a cooperar en la investigación y ofrecer la máxima información sobre los crímenes cometidos. El trato se aceptó en nombre de los familiares de las víctimas que querían recuperar los cuerpos de sus familiares desaparecidas. De esta forma, describió lo sucedido con cada uno de los cadáveres por los que estaba siendo procesado, y condujo a los investigadores al lugar donde había abandonado a cada uno de ellos. Años más tarde, comentaría haber matado al menos a sesenta y una víctimas, y en otra ocasión a setenta y una... la cifra nunca llegó a cerrarse. Las pruebas psicológicas realizadas a Ridgway arrojaban que se trataba de un sujeto que mataba de forma deliberada, metódica y sistemática, libre de condicionamiento moral alguno, carente de empatía y remordimiento. "Mató porque podía". Es un sujeto con una gran habilidad para adaptarse emocionalmente a las exigencias del contexto en que se encuentra, siendo capaz de crear una emoción concreta en cada situación. Magnífico mentiroso, hábil para entablar una conversación y hablar y hablar a pesar de su inteligencia por debajo de la media y su poca preparación académica. Podía llorar si quería y dejar de llorar cuando era el momento oportuno, podía aparentar remordimiento, locura, tristeza, estupidez, inteligencia, vergüenza, temor, ser presuntuoso, religioso, fervoroso, pecaminoso... y convencer en cada situación. Un camaleón que te da lo que esperas cuando lo esperas para complacerte, lo que lo convertía en un sujeto altamente peligroso y mortal. Lo cierto es que Ridgway, al mantener relaciones con las prostitutas hacía realidad las fantasías sexuales de forma simbólica que había tenido con su madre a la que desde joven llamaba "puta", tal como su padre solía hacer. Al matarlas, mataba a la "puta" de su madre y así se vengaba de manera directa de las prostitutas, y simbólicamente, de las mujeres en general y de su madre en particular.

Fue procesado por cuarenta y ocho asesinatos y condenado a cuatrocientos ochenta años de cárcel sin derecho a libertad condicional en la Penitenciaría del Estado de Washington. La dirección de la prisión no ha permitido a Ridgway conceder entrevistas a ningún profesional. Aún en 2011, se han seguido encontrando cadáveres en el Green River. En la actualidad, Gary tiene 75 años en el momento de escribir estas líneas.

17.- Shawcross, Arthur:

El Asesino del Río Genesee

Arthur Shawcross, se declara culpable por el asesinato de once mujeres entre los años 1988 y 1989. Todas las víctimas fueron asesinadas en el Condado de Monroe, excepto Gibson, que fue asesinada en el vecindario del Condado de Wayne:

- Dorothy Blackburn, 3 hijos. Prostituta. Estrangulada y arrojada desde lo alto de un puente.

- Anna Steffen, prostituta. Cocainómana. Estrangulada, no opone resistencia por lo que muere rápidamente. Localizada en el río Genesse.

- Dorothy Keeler, Limpia en casa del Sr. Shawcross; le roba porque le pagaba poco, y el evaluado decide matarla por el hurto. Días después la decapita.

- Patricia Ives. Prostituta. Estrangulada. Según las confesiones del Sr. Shawcross hacía ruido mientras tenían relaciones, eso le molestó y por ello la asesina. Su cuerpo es localizado abierto en canal desde la garganta a la vagina. Las heridas son post-mortem días después de haberla matado.

- Frances Brown. Prostituta. Golpeada en el cuello hasta la muerte; después, arrojó su cadáver a un acantilado y se deshace de su ropa tirándola a la basura.

- Maria Welch, prostituta. Estrangulada.

- June Stott, nunca ejerció la prostitución. Estrangulada.

- Elizabeth Gibson. Prostituta. Estrangulada.

- Darlene Trippi. Prostituta. Estrangulada.

- June Cicero. Prostituta. Conocida y respetada en el entorno de las profesionales de la calle. Es recogida en el coche de la amante del Sr. Shawcross, Clara, la casera del evaluado y su tercera esposa. Estrangulada. Abandonada en Northamton Park bajo un puente en la nieve.

- Jack Blake, de 10 años. Mayo de 1972. Violado y estrangulado (localizado en la vía de un tren). El evaluado acepta explicar cómo ha matado al joven a cambio de ser liberado de los cargos, y aceptar la causa por Karen Hill. De esta forma, la condena es reducida a homicidio involuntario, con sentencia máxima de 25 años, de los que cumple 15. Obtiene la libertad condicional en 1987.

- Karen Ann Hill, de 8 años. Río Negro. Septiembre de 1972. Enterrada bajo las piedras a la orilla del río. La boca aparece tapada con barro y tierra para que no hiciese ruido.

Anteriormente, había matado a dos niños de 8 y 10 años en Watertown, y había cumplido 15 de los 25 años de prisión a los que había sido condenado.

	NOMBRE	EDAD	FECHA DE LA DESAPARICIÓN	FECHA DEL HALLAZGO
1.	Dorothy Blackburn	27	18 de marzo de 1988	24 de marzo de 1988
2.	Anna Marie	28	9 de julio de 1988	11 de septiembre

	Steffen			de 1988
3.	Dorothy Keeler	59	29 de julio de 1988	21 de octubre de 1989
4.	Patricia "Patty" Ives	25	29 de septiembre de 1989	27 de octubre de 1989
5.	June Stotts	30	23 de octubre de 1989	23 de noviembre de 1989
6.	Marie Welch	22	5 de noviembre de 1989	5 de enero de 1990
7.	Frances "Franny" Brown	22	11 de noviembre de 1989	15 de noviembre de 1989
8.	Kimberly Logan	30	15 de noviembre de 1989	15 de noviembre de 1989
9.	Elizabeth "Liz" Gibson	29	25 de noviembre de 1989	27 de noviembre de 1989
10.	Darlene Trippi	32	15 de diciembre de 1989	5 de enero de 1990
11.	June Cicero	34	17 de diciembre de 1989	3 de enero de 1990
12.	Felicia Stephens	20	28 de diciembre de 1989	31 de diciembre de 1989

Los hechos cometidos por Arthur Shawcross, natural de Kittery, condado de York, Maine, EEUU, nacido el 6 de junio de 1945, fallecido el 10 de noviembre de 2008 en la prisión de Sullivan Correctional Facility, Fallsburg, Nueva York, se cuantifican en 11 asesinatos de los que inicialmente reconoce 10 y finalmente acepta los cargos por los 11. Este sujeto, ha contraído matrimonio en cuatro ocasiones, ha llevado una vida promiscua y ha utilizado el servicio de prostitutas de forma habitual. De hecho, excepto dos de las víctimas, el resto son prostitutas. Todas son estranguladas, algunas visitadas posteriormente por el agresor, -practicando necrofilia-, otra de ellas decapitada y otra abierta desde la garganta hasta los genitales.

Este agresor, dice haber sufrido acoso en su infancia y abusos por parte de su madre, además de inventar una serie de historias que al ser contrastadas no resultaron reales.

Respecto de su nivel intelectual, Arthur, presentaba un C.I. bajo-normal, entre 86 y 92.

Aparentemente de nivel cultural y educativo escaso, ya que abandona la escuela a los 15 años. Posteriormente se alista a l ejército a los 21años. Carece de mecanismos para controlar las emociones y afrontar las frustraciones, no tiene recursos emocionales a los que recurrir para la resolución de problemas. Presenta un patrón prolongado de emociones turbulentas e inestables; pensamientos muy polarizados; relaciones interpersonales caóticas; inestabilidad generalizada del ánimo.

Si hablamos del sujeto en lo que se refiere a su nivel de socialización, continuando con un análisis en el que se invita al lector a sacar sus propias conclusiones tras la lectura del presente siempre de la forma más objetiva posible, podemos decir que nuestro asesino en serie es un sujeto incapaz de dialogar, no está dispuesto a escuchar la opinión de los demás; carece de mecanismos de comunicación y de capacidades asertivas. Expone sus argumentos de manera taxativa. Es altivo, egocéntrico, egoísta.

Manipula las circunstancias de su entorno, y pretende dirigir la conversación.

Hermético sentimentalmente y autoritario en sus acciones y decisiones. En los hechos cometidos, manipula a la víctima con apariencia agradable hasta conseguir su objetivo, pero se irrita con facilidad y es agresivo, impulsivo; le gusta experimentar control y poder. Presenta baja tolerancia a la frustración y al fracaso. Se aburre con facilidad, deshumaniza a la víctima. Esta conducta es propia de personas egocéntricas, faltos de responsabilidad; descuidan su seguridad y la de los demás. Altamente agresivo, impulsivo. Normaliza la conducta violenta, porque cree tener derecho a divertirse por lo que la repetición del hecho criminal está garantizada. No muestra arrepentimiento ni empatía por lo que conductas de este estilo son utilizadas para su satisfacción personal.

Es además una persona que emocionalmente es carente de recursos para el afrontamiento de problemas, inestable, impulsivo, sin control de las emociones.

Baja autoestima e imagen negativa de sí mismo, se siente fracasado como persona y frustrado, por lo que actúa de manera prepotente y despectiva para esconder su frustración.

Es natural que este tipo de sujetos justifiquen sus acciones, proyectando la culpa en lo que sucede a su alrededor, en su entorno personal, laboral, social, etc., cualquier cosa que sucede y la reacción violenta y mortal que en él provoca, son cuestiones no buscadas por él, pues así suelen expresarlo cuando se les pregunta, de forma que no entienden que sean culpables ni responsables del hecho cometido.

Este asesino afirma que la comisión de los hechos son porque *"se está divirtiendo"*, y cree tener derecho a divertirse haciendo daño a los demás. En las diversas entrevistas que realiza a diferentes profesionales de la psiquiatría y la psicología, modifica la información y el contenido de sus respuestas, pues en ocasiones afirma haber sido abusado brutalmente por su madre hasta los 14 años, sin haberse encontrado evidencia físicas de tales afirmaciones tras las exploraciones realizadas al sujeto, y en otras, relata hechos vividos en Vietnam, donde sirvió como militar, en las que describe situaciones límites incluyendo el canibalismo, de forma que, por una u otra razón no asume la responsabilidad de los hechos cometidos ni empatiza con el daño causado.

Este tipo de justificación y de exención de responsabilidad denota una personalidad irresponsable. Racionaliza lo sucedido y justifica su agresividad.

Es obvio, que la forma que aborda cada entrevista y la realidad de los hechos, nos trae ante nosotros a un sujeto que presenta grandes distorsiones cognitivas en cuanto a la normalización de la violencia y las relaciones de pareja, el tipo de relaciones sexuales que pretende mantener, lo que le hace llevar una vida promiscua, y a las relaciones de respeto con los demás. No ha aprendido a aceptar las normas sociales educativas, no sabe comunicarse ni comunicar sus emociones, gestionar sus frustraciones, no sabe tener empatía, no sabe ser responsable, no sabe tomar decisiones en positivo. Que ninguna de las víctimas hubiera sufrido agresión sexual indicaba que el evaluado pudiera tener problemas para completar el acto, quizá por un mal entendimiento de las relaciones de pareja.

Por tanto, Shawcross es un sujeto, que a modo de resumen, presenta como asesino serial una serie de características, como son la carencia de empatía y asertividad, incapacidad de adaptarse a la norma, podemos afirmar que tiene personalidad psicopática, falta de remordimientos, ausencia de sentimientos de culpa, irresponsabilidad, y es un sujeto mentiroso patológico y manipulador. Elevado narcisismo, egoísmo y egocentrismo, reflejado en la necesidad continua de satisfacción personal. Cosificación de las víctimas. Analfabetismo emocional y de la comunicación. Es además un sujeto violento, impulsivo, agresivo, ausencia de autocontrol.

Sin embargo, detrás de todos estas características de la personalidad de este asesino en serie, no podemos decir, como erróneamente se afirma que estamos ente "un loco, o ante alguien que "ha perdido facultades", pues las conserva plenamente, tanto las cognitivas como las de volición, por lo que tiene conocimiento pleno de los actos que está llevando a cabo, y por tanto no puede afirmarse que padezca enfermedad mental alguna o trastorno que le imposibilite el conocimiento y el alcance de los hechos criminales que comete. Esto nos hace estar ante un sujeto con un alto nivel de peligrosidad, alta probabilidad de reincidencia, lo que supone un grave riesgo para la sociedad y no puede afirmarse que haya terapia que garantice la remisión de las conductas presentadas, lo que dificulta su reinserción en sociedad.

Sujetos con el perfil expuesto, y pensando en si sujetos psicópatas simplemente por el hecho de serlos, pueden ver reducidas sus condenas penales, es importante aclarar que la psicopatía como tal no aparece recogida en los manuales de clasificación de enfermedades mentales, por lo que, como dice Garrido, 2007 no se puede considerar loco a quien actúa con los elementos volitivos y cognitivos sin perturbación, por lo que las psicopatías son desviaciones anormales del carácter de origen bien biológico, social o psicológico, pero que no se determinan como una enfermedad concreta ni con un diagnóstico determinado, por lo que en realidad son desviaciones que afectan al conjunto del carácter, pero no una enfermedad. Por esta razón, al no suponer una anomalía psíquica, no son susceptibles de conformar ningún tipo de atenuante por razón de la misma, aunque en determinados casos tenga trastornos de la personalidad asociados a otras anomalías que pudieran suponer un atenuante de la responsabilidad penal (ordinaria o analógica), por lo que se hace necesario el estudio de cada caso concreto. El debate se presenta cuando se habla de estructuras psicóticas en cuanto personalidad divergente, pero queda zanjado cuando se puede sostener que estos individuos mantienen conciencia de sus actos y pueden evitar cometerlos, ya se trate de personas sádicas, violadoras, estafadores, etc.... que son conductas que desarrollan los psicópatas (aunque no sólo ellos). En nuestro país, el psicópata o aquél con rasgos psicopáticos con su personalidad (excepto aquellos que por otros trastornos de la personalidad implicados resultasen en atenuante como se ha visto más arriba, o incluso inimputables por encontrarse en un contexto psicopatológico verdadero) resultan imputables sin solución de atenuante por el delito cometido, por lo que tienen culpa y responsabilidad plena.

Así, la psicopatía además, resulta incorregible, como dice Garrido, 2007 aunque se puedan utilizar fármacos antipsicóticos para reducir la impulsividad y pretender una rehabilitación conductual, puesto que el psicópata, dada su incapacidad de empatizar, y que la empatía es la base de todo proceso de rehabilitación social, las terapias no sólo no resultan ineficaces, sino que sirven de estímulo para el sujeto al que se pretende rehabilitar socialmente, sino que habitualmente someterse a estas terapias es sólo por los beneficios penitenciarios que el propio psicópata pueda obtener. Concluyendo, a la implicación jurídica y forense expuesta, la psicopatía no aparece recogida de forma directa en ninguno de los dos manuales de diagnóstico y/o clasificación de enfermedades mentales (CIE-10 y DSM-5), aunque Cleckley en 1941 la califica como "locura moral".

En definitiva, el psicópata podrá considerarse enfermo mental cuando haya disfunciones en su sistema nervioso, pero no podrá considerarse enfermo mental cuando ese trastorno le obliga a ser violento y un criminal, puesto que, como se ha dicho, no tienen alterada la comprensión del bien y el mal y son libres de elegir si ejercer uno u otro. No se puede permitir que se plantee una atenuante para un psicópata, pues tal como dice Garrido, 2007 eso supondría justificar acciones criminales de todos y cada uno de aquellos que han vivido momentos difíciles en su vida y han tomado el camino de la criminalidad para resolver sus dificultades.

18.- Wayne Gacy, John:
Pogo, el payaso asesino

*"Aquí hay una foto de todas las víctimas juntas.
Y miro las fotos y no tengo ningún recuerdo de ninguno de ellos.
No los he visto en mi vida, jamás los conocí."*

Entrevista de Robert Ressler a
John Wayne Gacy.
"Dentro del Monstruo"

Para entrar de lleno en el presente apartado, y comprender la mentalidad desviada de sujetos como John Wayne Gacy, hay que definir en primer lugar qué es pornografía infantil y dónde se recoge. Por una parte, la Convención de Naciones Unidas sobre los Derechos del Niños, (25/05/2000), establece el Protocolo relativo a la venta de niños, la prostitución infantil y la utilización de niños en la pornografía. Así también recoge este particular el Convenio Cj

Europa Ciberdelincuencia (23/11/2001). También lo encontramos en la Directiva del Parlamento Europeo y del Consejo relativo a la lucha contra los abusos sexuales, la explotación sexual de los niños y la pornografía infantil 2011/93 de la Unión Europea. Y viniendo a lo establecido por la normativa estatal, encontramos su regulación en la Reforma del Código Penal con la L.O. 1/2015 de 30 de marzo en su art.189, donde también se habla de la pornografía infantil virtual –en adelante, PI virtual-.

De esta forma, se penaliza la PI virtual aunque los menores no sean reales porque se entiende que, aunque no ataca de forma directa a la indemnidad sexual de un menor concreto – entendida la víctima como menor, persona física con nombre y apellidos- sí lo hace a la dignidad de la infancia en general. A pesar de ello, autores como Williams, 2004 entienden que no debe penalizarse porque no existe un vínculo directo de abuso a los niños y en contra; y en su contra,

Quayle et al, 2008, entienden que este tipo de pornografía virtual, puede utilizarse como parte del proceso de solicitud de imágenes y su producción, distribución y posesión podría considerarse explotación infantil, tal como afirma Pascual, 2021.

Con el paso del tiempo, han pasado a modificarse ciertos aspectos, como por ejemplo la variación del término pornografía, que pasa a denominarse *abuso sexual infantil*, en lugar de pornografía sexual infantil, por entenderse que el término podría implicar voluntariedad por parte del menor (Ecpat. Int, 2016) y no existe tal voluntariedad.

De igual modo se siguen intercambiando multitud de imágenes de explotación sexual infantil en las redes –no entrando aquí en más detalle-, donde se pueden localizar imágenes de niños abusados y explotados sexualmente que, aunque virtuales para el consumidor, resultan ser abusos cometidos sobre un niño real en algún lugar del mundo, y han quedado archivados para su distribución. Es la prueba material del delito, contra lo que trabajan diariamente profesionales especializados en ciberdelincuencia, combatiendo esta lacra social.

Así las cosas, se han establecido una serie de características de las imágenes en función de la conducta sexual del menor que aparece en la imagen, que es necesaria para tipificar los casos más graves de consumo. La Guardia Civil y la Universidad Autónoma de Madrid, han establecido lo que se conoce como CIESI, Clasificación de Imágenes de Explotación Sexual Infantil. Tiene su origen en la escala COPINE de 1997 (Combating Peadophile Information Networks in Europe), creada por el departamento de Psicología de la Universidad de Cork, Irlanda, cuya intención en categorizar la gravedad de las imágenes que visualizan los abusadores. En este inicio, su finalidad era sólo terapéutica, pero posteriormente se se crea una tipología que pretende unificar la utilidad policial y profesional.

Por esta razón, tiempo después se genera a raíz del caso Regina contra Oliver en Reino Unido, en el año 2002, una herramienta denominada SAP (Sentencing Advisory Panel), que servirá como herramienta de apoyo para jueces y tribunales a la hora de establecer sentencia penal en casos de pornografía infantil, valorando por una parte la naturaleza del material pornográfico y, por la otra, el nivel de participación del autor (no es lo mismo penalmente hablando el productor, el distribuidor o el consumidor de este material).

Esta tabla también varió en dos ocasiones hasta la que conocemos ahora: en 2007 presentaba cinco niveles y posteriormente, en 2013, se redujo a tres niveles, especialmente porque algunas colecciones de imágenes incluían imágenes mixtas que se correspondían con más de un nivel.

Así las cosas, la clasificación CISEI para los delitos de este tipo en España viene a clasificarse como sigue, según Pascual, Giménez-Salinas & Igual, 2017.

Nivel 0: Otro material relevante pero que no se engloba en la categoría de pornografía infantil

Nivel 1: Desnudos o poses eróticas

Nivel 2: Actividad sexual entre niños

Nivel 3: Actividad sexual entre niños y adultos excluyendo penetración de adulto a niño

Nivel 4: Actividad sexual con penetración de adulto a niño

Nivel 5: Actividad sexual sádica y bestialismo

Sin embargo, es importante diferenciar la pornografía y el abuso sexual con la pedofilia, que siendo en esencia igual de aberrantes, esta última viene recogida en el DSM-5 como:

"Trastorno caracterizado por fantasías sexuales recurrentes y altamente excitantes, impulsos sexuales o comportamientos que implican actividad sexual con niños pre-púberes o niños algo mayores".

Entendiendo como "comportamientos que implican actividad sexual" aquellos que incluyen la preferencia sexual por menores, y el abuso mediante desensibilización, ejercida esta mediante la manipulación emocional del menor para que este colabore, no mediante el uso de violencia física. Sin embargo, hemos de tener en cuenta, que la presencia del interés sexual en menores no implica necesariamente que se produzca abuso sexual, así como que todas las personas que abusan de un menor no tienen por qué ser diagnosticadas de pedofilia. Este hecho, no implica obnubilación por parte del sujeto activo del delito, ni ausencia de cognición y volición en líneas generales.

Expuesta muy gráficamente esta parte teórica, y es importante tener en cuenta que además en el sujeto que a continuación se analiza, vamos a encontrar una persona sometida a grandes complejos, con habilidades manipulativas propias del psicópata integrado, aceptado y admirado socialmente, y que tras una máscara simbólica de civismo comete asesinatos atroces que han sido inspiración para algunos novelistas que han llevado, su macabra historia a la pantalla. Seguramente el lector, pueda identificar de qué títulos cinematográficos hablamos. He aquí la compleja realidad de lo que se esconde detrás de lo que llega a las salas de cine o son Best Selller.

John Wayne Gacy nace en Chicago el 17 de marzo de 1942. Su ascendencia es polaca y danesa. Su madre, farmacéutica. Su padre, trabajaba como obrero en la construcción, alcohólico y maltratador de su mujer e hijos. John, nuestro agresor, es quien más agresiones sufre puesto que es el único varón de la familia, y debido a su sobrepeso y su ausencia de aptitudes atléticas, supone para su padre una frustración pues no resulta ser el hijo que esperaba. Gacy, sufría una patología cardiaca congénita, estaba exento de gimnasia en la escuela y solía sufrir mareos, jaquecas y desvanecimientos, lo que sumado a sus bajas calificaciones académicas, resulta de todo punto despreciable para su padre.

Sin embargo, John Sr., no estaba dispuesto a que su hijo fuese un mediocre. La consecuencia natural de tantas agresiones no era sino el miedo paterno, cuestión que le lleva a ocultar que con nueve años, es abusado sexualmente por parte de un amigo de la familia pero, ¿cómo decirle esto a un padre que probablemente no le creería y la emprendería a golpes con él por mentiroso?. Este hecho termina en que John abandona los estudios sin llegar a graduarse.

A los veinte años, tras discutir con su padre, se marcha a Las Vegas donde consigue un trabajo en un funeraria. Allí, tiene un primer contacto cercano con los cadáveres, además de que duerme en la sala de embalsamamiento, e incluso llega a dormir en el ataúd junto con un adolescente fallecido. Esta última experiencia le impacta y pide a su madre poder volver a casa. Una vez allí se matricula en la escuela de negocios Northwestern Business College, donde sobresale rápidamente y se convierte en un gran hombre de negocios con labia, carisma, resultando muy seductor y convirtiéndose en un gran vendedor. Asciende muy deprisa a jefe de departamento. Se sentía por encima de los que le rodeaban, -comenzando así ese perfil narcisista a manifestarse- se da cuenta de que tiene dotes para interpretar, su encanto y su capacidad de embelesar eran increíbles, intrínseco en la mayoría de los psicópatas, por lo que, esa indiferencia fría, superior y carismática le sirve para relacionarse a la perfección.

En esta empresa de calzado donde ha comenzado su andadura laboral, conoce a Marlynn Myers, que será su esposa en 1964, nueve meses después de conocerse. Unido a este momento, John decide unirse a los *Jaycees*, la Cámara de Comercio Junior, club empresarial exclusivo para jóvenes y hombres de negocios, donde asciende de forma rápida hasta convertirse en uno de los miembros más influyentes del panorama, pues formar parte de este grupo supone ser directamente considerado un hombre de gran nivel y calado social.

Ese mismo año de éxitos profesionales, Gacy tiene su primera experiencia homosexual con un colega del mismo club, que le emborracha y le invita a pasar la tarde con él en su casa. Al llegar, el joven tumbó a Gacy en el sofá, y aun borracho, le practicó sexo oral. Sin embargo para John Gacy, estas experiencias homosexuales no le hacen sentirse homosexual, sino que las calificaría de "experimentos sin la menor importancia".

En 1965, siendo presidente de los Jaycees de Springfield, es nombrado el tercer Jaycee más notable de Illinois. Debido a esto, su suegro, decide ofrecerle la gerencia de tres de las franquicias de Kentucky Fried Chicken en Waterloo, Iowa, y John acepta. Es allí donde Marlynn da a luz a su primer hijo, Michael, en 1967, y al año siguiente a su hija, Christine, en 1968. Aquí también será nombrado "vicepresidente excepcional" de los Jaycees de Waterloo. Por lo tanto estamos, aparentemente, ante un exitoso hombre de negocios, apreciado y admirado socialmente, entregado a sus negocios y a su familia.

Pero esta no es la realidad de la vida de este psicópata integrado, en realidad, John engañaba frecuentemente a su esposa con otras mujeres, consumía drogas y frecuentaba los servicios de las prostitutas. Abrió un club en el sótano de su casa donde invitaba a sus empleados a beber y a jugar al billar. Charlaba solamente con los empleados jóvenes, coqueteaba con ellos cuando estaban borrachos, y si le rechazaban, simulaba que estaba bromeando.

Es aquí, en Waterloo, donde en agosto de 1967, invita a Donald Voorhes de 15 años, hijo de un compañero de los Jaycees a su casa a ver pornografía. Lo emborracha y le obliga a tener sexo oral con él. Como lo acontecido resultó bien, continuó con la misma mecánica. En ocasiones, dada su gran habilidad para convencer, decía a los jóvenes que se trataba de experimentos homosexuales y que percibirían por su participación 50 dólares, a lo que los jóvenes aceptaban.

Sin embargo, un año más tarde, en 1968, Donald cuenta a su padre lo acontecido el año anterior en la casa de Gacy. Resulta difícil demostrarlo y Gacy argumentó que era una maniobra para desprestigiar su nombre. Pero la situación da un giro cuando Edward Lynch, de 16 años, también le acusa de intento de violación. El 3 de septiembre de 1968, se le hace a Gacy una evaluación psiquiátrica en el Hospital de la Universidad Estatal de Iowa, que da como resultado una personalidad antisocial de difícil tratamiento –que no trastorno antisocial de la personalidad-, y cuyo patrón de comportamiento le supondría constantes conflictos sociales. El 3 de diciembre de ese mismo año, es condenado a 10 años de prisión en la Penitenciaría Estatal de Anamosa. Ese mismo día, su esposa le pide el divorcio, y ni ella, ni sus hijos volverían a verle.

Gacy, logra en prisión en pocos meses ser el jefe de cocina, graduarse y defender los derechos de los presos para mejorar sus condiciones de vida, con el objetivo de lograr la libertad condicional lo más pronto posible. Cumple tan sólo 18 meses de condena.

Estando aún preso, se produce un hecho que marcará a John: la muerte de su padre, que supone un fuerte golpe emocional que sumado a la negativa del centro penitenciario de dejarlo libre para asistir a su funeral, lo deja totalmente hundido. El 18 de junio de 1970, consigue, tras sólo 18 meses de los 10 años a los que había sido condenado, alcanzar la libertad condicional por buena conducta, convenciendo a todos de que no volvería a reincidir, a pesar de ser un agresor sexual que incluso había convencido a sus compañeros de que estaba preso por enseñar películas pornográficas a menores en una sociedad aún decadente, en lugar de explicarles el verdadero motivo con el objetivo de evitar ser linchado, lo que le supuso llegar a lo más alto de la jerarquía carcelaria. Su habilidad manipulativa es muy significativa dado el contexto en que se encuentra.

Al salir de la cárcel se traslada a Chicago con su madre, donde comienza como camarero debido a la experiencia carcelaria adquirida como cocinero. Un año más tarde, es nuevamente acusado de intento de agresión sexual a un menor que había recogido en una estación de autobuses, pero no prosperó ya que el joven no se presentó a declarar el día del juicio. Quizá si ese joven hubiera aparecido, lo que estaba por venir, no se hubiese producido, o tal vez sólo se hubiera pospuesto unos años. Sin embargo, se compró una casa con dos dormitorios en Norwood Park, donde se producirían todos los asesinatos que estaban por venir.

Se reencuentra en esta época, con Carole Hoff, divorciada con dos hijas, con la que había salido en el instituto, y a los pocos meses se casa con ella. Este matrimonio era parte de su estrategia, y comenzó de nuevo a aparentar llevar una vida "modelo". Abrió un nuevo negocio, el *Painting,*

Decorating and Maintenance Contractors, Inc., dedicado a pequeñas reformas y mantenimiento de viviendas.

Para reducir costes, contrataba hombres y mujeres jóvenes. Así el 2 de enero de 1972, recoge a Timothy Jack McCoy, de 14 años, en la estación de autobuses cuando iba de camino a Omaha, y le propuso pasar la noche en su casa y llevarlo al día siguiente a la estación. Según Gacy declararía más adelante, en un momento durante la noche, el joven se habría acercado a él mientras dormía con un cuchillo en la mano y Gacy se abalanzaría sobre él para quitarle el arma, y tras forcejear lo apuñalaría repetidamente. Sin embargo, cuando entró en la cocina, observó que el joven estaba preparando el desayuno y con el cuchillo había estado cortando bacon. En lugar de avisar a las autoridades, decidió enterrarlo bajo la casa, bajo una capa de cemento, y fue cuando sintió que la emoción más intensa que había sentido en su vida la experimentó al matar a este joven.

En esa misma época, vivía una doble vida en la que, por un lado acababa con la vida de jóvenes, y por otra, se anima a participar en un club de payasos que actuaba en desfiles y acudía a actos para recaudar fondos para el Partido Demócrata y que además divertían a niños hospitalizados. Crea su propio personaje "*Pogo*" y actúa en numerosos eventos, entre ellos, también fiestas privadas los sábados por la tarde en las fiestas privadas del entorno dinamizando las fiestas de cumpleaños, entre otras.

En su lado oscuro de personalidad, Gacy se dedica a frecuentar zonas homosexuales o estaciones de autobuses, en busca de algún joven solitario que le fuera atractivo, invitarlo a que subiera a su coche para llevarlo a su casa, o acercarlo a cualquier parte, llegando en una ocasión a hacerse pasar por policía haciendo uso de *disfraz* (uniformado e incluso con placa, sirena y radio incluida) para lograr sus objetivos. Si veía que el joven estaba reticente, lo drogaba para poder abusar de él. Otras veces, les ofrecía trabajo en su empresa. Se ganaba su confianza por la gran capacidad de convicción, los involucraba en situaciones de las que no podían escapar y en cuanto sentía que tenía el poder y el control de la situación cambiaba radicalmente de actitud y rápidamente se convertía en un depredador, aterrador y dominante, que sometía a sus víctimas.

Escogía jóvenes apuestos porque sabía que él nunca sería como ellos, y poco a poco los fue convirtiendo en un número más. Dejaban de ser jóvenes para convertirse en "un objeto más" a su servicio con los que hacer experimentos cada vez más atroces. Una vez les había dado muerte, los enterraba bajo la vivienda. En ocasiones, el olor era tan fuerte que tenía que inventar que había colonias de ratas bajo la casa. Estamos claramente ante un asesino en serie hedonista, que mata a sus víctimas por la excitación sexual que le produce el propio hecho de matar. Estrangular y sodomizar a sus víctimas es lo que le supone el máximo placer. Ausente de toda empatía y emociones profundas de ningún tipo.

En 1975, John le dice a su esposa que es homosexual, y esta le solicita el divorcio inmediatamente, lo que le supone perder una de sus coartadas. Sin embargo, ya estaba libre para seguir matando sin tener que dar explicaciones a nadie de donde estaba a cada momento. Por alguna razón no comprendida para la criminología, John Wayne Gacy, no mataba a todas sus víctimas, lo que suponía la posibilidad de que cualquiera de ellas lo delatara, lo denunciara o lo identificara. Tal vez porque pensaba que su influencia sobre los demás llegaba hasta el punto de que nadie contaría la situación vivida. Tal vez porque la mayoría eran jóvenes que no solían estar por el entorno de forma habitual ya que muchos de ellos habían huido de sus casas o aparecían por la ciudad en busca de trabajo y así se aseguraba poder volver a repetir la experiencia. O más probablemente porque las relaciones homosexuales en esa fecha no estaban aceptadas por la comunidad. Situaciones como las vividas con David Cram, 18 años; Robert Donnelly, 19 años o Jeffrey Rignall, de 26 años, son ejemplos a citar, pues cuando le denunciaron, nuestro asesino decía que lo que había sucedido era sólo sexo sadomasoquista consentido, por lo que la policía no le imputaba. Situaciones de este tipo reforzaban la conducta de Gacy a la hora de adjudicar vida o muerte.

Como es habitual, los asesinos seriales, en un momento de su actividad criminal, se ven reforzados en sus acciones, y esto puede suponer un riesgo en su modus operandi, de forma que determinadas conductas que forman parte de su hacer criminal, se dan por sentado, lo que produce un descuida en dicho hacer. En el caso de *Pogo*, nuestro "payaso asesino", sucede el 11 de diciembre de 1978 desaparece Robert Piest, de 15 años, y la última vez que es visto dice ir a una reunión con un contratista y después a reunirse con su madre. Pero el muchacho, nunca llegó a reunirse con ella. Sin esperar un momento, pone en conocimiento de las autoridades la desaparición de su hijo, ya que no es una conducta propia de él. Cuando Gacy es preguntado, niega la reunión, la oferta de trabajo y hasta conocer al joven. Pero giran ya tantas acusaciones sobre nuestro agresor sexual serial, ahora también asesino en serie, que la policía no termina de creer a alguien que se había visto envuelto en tantas situaciones relacionadas con el abuso de menores aunque no hubiera podido ser imputado en ninguna de ellas. Dadas las circunstancias, se decide pedir una orden de registro, que resulta poco fructífera pues no se encuentran indicios ni evidencias que puedan ser imputables de forma directa al sospechoso por la desaparición de Robert, a pesar de encontrar en la vivienda, entre otras, ropa demasiado pequeña para Gacy, esposas, una pistola y un anillo con las iniciales J.A.S. —anillo que llevan los miembros de los Jaycees-, y un resguardo de la farmacia en la que trabajaba Robert Piest. Y, observando este descuido, nos hemos de dar cuenta de que el agresor entiende el interior de su vivienda como una zona de confort inviolable, lo que le hace cometer errores de este tipo. Sumado a esto, la falta de cuidado y el exceso de confianza, le habían hecho modificar su modus operandi, sin variar el patrón de víctima, pues había hecho desaparecer a un joven popular, del entorno, con familia, amigos, y cuyo perfil era totalmente diferente al del resto de sus víctimas, que eran solitarias y vivían lejos de su familiar, como hemos observado unas líneas más arriba.

Por esta razón, la policía decide poner bajo vigilancia a Gacy, quien en su ya excéntrico estilo de vida, incluso invitaba a sus "observadores" a cenar en los restaurantes a los que le seguían, haciendo creer a los vecinos que le estaban sometiendo a control por sus contactos políticos, o que eran agentes del FBI que le protegían.

Tras meses de investigación, se confirma que el anillo encontrado en el registro que había tenido lugar en la vivienda con las iniciales J.A.S., pertenecía a John A. Szyc, que había desaparecido en enero de 1977, además de una televisión Motorola, que coincidía con la que tenía Gacy en su vivienda. El contacto se había producido porque Szyc le había vendido a John Gacy su coche, un *Plymouth Satellite.* Así las cosas, la policía obtiene una orden de registro del vehículo de Gacy, donde se hallan restos de cabello humano, coincidentes con pelo de Robert Piest, que aparecería más tarde en el Río Des Plaines.

Cada vez más cerca de ser atrapado, comienza a descuidar su aspecto físico, bebe constantemente, y decide hablar con sus abogados para que la policía dejase de hostigarlo. Durante los interrogatorios llevados a cabo a los familiares y entorno del desaparecido Robert Piest, una de sus amigas, reconoce el resguardo que la policía había encontrado en la vivienda de Gacy, cerrando el cerco en torno a este. Durante la reunión con sus abogados, a la que se presenta completamente borracho, ve sobre la mesa la imagen de Robert Piest en un diario y comenta "este chico está muerto; está en un río".

Durante largas horas, Pogo confesó todos sus asesinatos e indicó que algunas de sus víctimas estaban enterradas bajo su casa o en el río Des Plaines: John Butkovich, Darrell Sampson, Randall Reffet, Samuel Stapleton... y muchos otros hasta un total de 29 bajo su vivienda y 4 en el río Des Plaines (entre estos 4 últimos del río fue localizado Robert Piest tal como nuestro asesino en serie había indicado). La confesión se prorrogó hasta la mañana siguiente, y Gacy fue detenido.

Cuando la policía registra la casa de John, descubre que la cámara del subsuelo de la vivienda había sido inundada. Los técnicos comenzaron a cavar el subsuelo y es cuando comienzan a emerger restos humanos. Lo primero que emerge a la superficie fueron las cajas torácicas de los cadáveres. Tras el hallazgo, el 22 de diciembre de 1978, confiesa definitivamente que había cometido entre veinticinco y treinta crímenes, aunque finalmente se localizan un total de treinta y tres. Él mismo colabora indicando los lugares concretos de su vivienda donde había escondido los cuerpos y conduce a las autoridades al puente desde el que había arrojado a los cuatro restantes. El trabajo de localizar los veintinueve cuerpos enterrados en el sótano, se prolonga durante meses, y otro tanto para localizar los cuerpos arrojados al río, donde en realidad se localizan los primeros cuerpos. Preguntado Gacy sobre la razón o la motivación de haber cometido los asesinatos su respuesta fue clara y contundente *"...lo hice para que no me denunciaran... además, ¿qué importancia tiene?, esos chicos eran escoria, no merecían vivir"*.

Al principio en el sótano de la vivienda de su 1er matrimonio. La esposa se queja del olor, las moscas, etc., por lo que Gacy se traslada con su familia y mantiene esta casa. La escena de consumación y hallazgo es la vivienda de Norwood Park.

Investigaciones posteriores dejan sin identificar cuerpos, actualmente hay 4 cuerpos sin identificar. En 1998, mientras se realizaban reparaciones en el estacionamiento trasero de la casa de la madre de Gacy, las autoridades encontraron restos de al menos cuatro personas más. En 2010, se reabrió el caso. Desenterraron 8 de los cuerpos que a la fecha no habían podido ser identificados, correspondiéndose con ADN víctima nº 19, William George Bundy; en 2017, víctima nº24, James Byron Haakenson. El último cuerpo es identificado en 2021, Wayne Alexander.

Durante el juicio, la defensa de Gacy pretende seguir una estrategia en la que se declarase a Gacy enfermo mental por trastorno de personalidad múltiple, pretendiendo que en su declaración adujera "trastorno mental". Para apoyar la tesis, tres psiquiatras le diagnosticaron esquizofrenia paranoide, personalidad múltiple donde sus "alter egos" habrían cometido los asesinatos a los que él había bautizado como "Pogo el payaso" y "Jack Hanson". El Fiscal alega que Gacy en numerosas ocasiones, había hecho cavar los huecos del sótano a sus empleados haciéndoles creer que formaba parte de una reestructuración de su vivienda; huecos, en los cuales algunos de los mismos terminaron enterrados. Por lo tanto, entendía que había premeditación en todos los asesinatos y en todas las acciones conducentes a ellos, por lo que John mantenía plenas todas sus facultades. Gacy finalmente fue condenado a doce cadenas perpetuas y veintiuna penas de muerte. Se le trasladó a la cárcel de Chester en Illinois, donde estuvo catorce años en el corredor de la muerte esperando ser ejecutado. Intentó recurrir su caso para postergar la fecha de su ejecución.

Cuando fue preguntado por el número exacto de víctimas, ya que se sabía que siempre realizaba numerosos viajes y se pensaba que el número podría ser mayor al encontrado en su vivienda y en el río, John contestó *"...eso os toca descubrirlo a vosotros, chicos..."*.

Durante su estancia en prisión, comenzó a pintar autorretratos disfrazado de "Pogo el payaso", que se vendieron a muy buen precio. Recibió y concedió entrevistas, entre otros a notables investigadores como Robert Ressler, a quien incluso le regaló uno de los autorretratos de Pogo.

Fue ejecutado el 10 de mayo de 1994 por inyección letal.

Su cerebro fue examinado por la doctora Helen Morrison, psiquiatra experta en asesinos en serie, que lo entrevistó hasta un total de seiscientas veces mientras estuvo preso. Pretendía descubrir si su cerebro presentaba peculiaridades que pudieran dejar al descubierto rasgos psicopáticos de su personalidad, pero la investigación resultó infructuosa.

En resumen, y realizando un análisis esquemático del sujeto en cuestión, obtenemos *groso modo*:

Conductas

M.O.

Diversas formas de acceder a la víctima:

Víctima localizada en el entorno laboral de su propia empresa.

Víctima recogida en la calle o caminando por la carretera o hacia la parada del bus.

Se viste de policía para facilitar el acceso.

Las lleva a su casa para hacer fotos profesionales o para ofrecerles un puesto de trabajo a tiempo parcial con posibilidad de que sea a largo plazo.

Los droga y alcoholiza.

Les obliga a realizar sexo oral.

Le gusta atarlos, torturarlos de diversas formas, sodomizarlos y por último estrangularlos/apuñalarlos.

Les introduce lencería en la boca para que no griten y les entierra con ella.

Los cuerpos yacen en el sótano de su casa.

A algunos les hace cavar el hueco bajo el pretexto de que le ayuden a hacer remodelaciones de la vivienda.

Involución del M.O.

Olvida la conciencia forense adquirida y comienza a solapar crímenes y a amontonar cuerpos en el apartamento.

Se confía: elige víctimas conocidas por el entorno con familiares que se preocupan por sus seres queridos.

El 12 de diciembre de 1978, cuando fue investigado después de la desaparición del adolescente de 15 años Robert Piest, una testigo le sitúa acordando una entrevista de trabajo en su casa.

Durante el registro de la casa de John, se encuentra el anillo de los Jaycees del padre de Priest, que había regalado a su hijo, por tanto, deja a la vista una joya hereditaria de fácil identificación, y otros artículos diversos relacionados con otras desapariciones.

Ritual

Declaró haber asesinado por primera vez en enero de 1972, cuando al clavar el cuchillo en el cuerpo de un joven y ver como la sangre brotaba del cuerpo, sintió una sensación de excitación y esto comenzó a gustarle. Le gusta atarlos, torturarlos de diversas formas, sodomizarlos y por último estrangularlos. Les introduce lencería en la boca para que no griten y les entierra con ella.

Todos estos elementos no son necesarios para la comisión del crimen y nos permiten discriminar un tipo concreto de asesino. Por otra parte, el hecho de encontrarlos en el sótano de su vivienda a modo de cementerio, es el mejor suvenir para un asesino serial, aparte de guardar objetos personales de muchas de sus víctimas.

Perfil Victimológico
Jóvenes de entre 15-21 años
Buscan trabajo, o cambian de ciudad. Sociables. Confiados.

Perfil criminal
Asesino serial organizado.

Psicópata integrado.

Planificador.

Parafilia sádico sexual.

Torturador.

Narcisista que encierra baja autoestima.

Graves distorsiones cognitivas.

Desórdenes parafílicos relacionados con la necesidad de control y dominación.

Ausencia de empatía rasgo.

Carente de sentimiento de culpa. *"tenían merecida su muerte, eran escoria"*.

Sin remordimientos.

Extremadamente violento y peligroso.

Imposible la reeducación.

Elevada posibilidad de reincidencia.

Conducta desafiante y altiva: preguntado si había más víctimas: *"eso lo tendréis que descubrir vosotros chicos"*.

Detención: 22/12/78

Condenado por: asesinato, abuso sexual, tortura y sodomía.

Penas:

12 cadenas perpetuas

21 penas de muerte

Inyección letal 10/05/1994

Víctimas

Donald Voorhees, 15a.

Edwuard Lunch, 16a

Edward Lynch (16), violado en junio de 1967.

Donald Vorhees (15), violación reiterada desde agosto de 1967 hasta abril de 1968.

Timothy McCoy (16), 2 de enero de 1972

Un joven no identificado (18), apuñalado en enero de 1974. antes de su muerte fue torturado.

John Butkovitch (16), violado y estrangulado el 29 de julio de 1975.

Darrell Samson (18), violado y estrangulado el 6 de abril de 1976.

Randall Reffett (15), violado, torturado y estrangulado el 14 de mayo de 1976.

Samuel Stapleton (14), violado, torturado y estrangulado el 14 de mayo de 1976.

Mike Rossi (16), violado el 22 de mayo de 1976.

Michael Bonnin (17), violado y estrangulado el 3 de junio de 1976.

William "Billy" Carroll (16), violado, torturado y estrangulado el 13 de junio de 1976.

James Haakenson (16), 6 de agosto de 1976

Rick Johnston (17), violado y estrangulado el 6 de agosto de 1976.

Michael Marino (14), 24 de octubre de 1976.

Kenneth Parker (16), 24 de octubre de 1976.

William Bundy (19), 26 de octubre de 1976.

Frances Alexander (21), violado, torturado y estrangulado, diciembre de 1976

Gregory Godzik (17), violado, torturado y estrangulado el 11 o 12 de diciembre de 1976.

John Szyc (19), violado y estrangulado el 20 de enero de 1977.

Jon Prestidge (20), violado, torturado y estrangulado el 15 de marzo de 1977.

Matthew Bowman (19), drogado, violado y estrangulado el 5 de julio de 1977.

Robert Gilroy (18), violado, torturado, golpeado y estrangulado el 15 de septiembre de 1977.

John Mowery (19), violado, torturado y estrangulado el 25 de septiembre de 1977.

Russell Nelson (21), violado y estrangulado el 27 de octubre de 1977.

Robert Winch (16), violado y estrangulado el 11 de noviembre de 1977.

Tommy Boling (20), violado y estrangulado el 18 de noviembre de 1977

David Talsma (19), violado, torturado y estrangulado el 9 de diciembre de 1977.

Robert Donnelly (19), violado y torturado durante varias horas hasta que finalmente Gacy se cansó de hacerlo, diciembre de 1977.

William "Billy" Kindred (19), violado y estrangulado el 16 de febrero de 1978.

Jeffrey Ringall (22), violado, torturado y golpeado durante varias horas hasta que finalmente Gacy se cansó. Fue encontrado con vida y semidesnudo en un parque el 22 de abril de 1978. Jeffery logró dar un mes más tarde con el coche de su torturador y seguirlo hasta su domicilio, lo que resultó fundamental en la investigación.

Timothy O'Rourke (20), violado, golpeado y estrangulado entre el 16 y 23 de junio de 1978.

Frank Wayne "Dale" Landingin (19), violado, torturado y estrangulado el 4 de noviembre de 1978.

James Mazzara (21), violado, torturado y asfixiado. 24 de noviembre de 1978.

Robert Piest (15), violado, torturado y estrangulado. 11 de diciembre de 1978

Frecuencia:

Tres víctimas entre 1972 y 1975.

Treinta víctimas entre abril de 1976 y diciembre de 1978,

1976: 13 entre abril y diciembre (abr/ 3-14may/ 2-jun/ 2-6ago/ 3-oct/ 2-dic)

1977: 10 -ene-mar-jul- 2sept- oct- 2nov- 2dic

1978: 7 feb-abr/ 2jun/ 2nov/ 1dic día 11 Priest

19.- Wournos, Aileen: Monster

Es importante ser conocedores de lo que rodea a Aileen Wournos, una prolífera asesina en serie cuyo estudio resulta curioso dadas las circunstancias en que se producen. Monster no conoció otra vida, ni tuvo facilidades para normalizar un estilo de vida integrado alejado de la violencia.

Para ello, hay una pregunta que siempre nos hacemos y que además encierra una respuesta que ha hecho y hace aun hoy correr ríos de tinta de la más alta calidad científica: ¿El psicópata, *nace o se hace*?

La respuesta, no es determinante, pues contenta a todos, pues es conjunta: el psicópata nace, y se hace. La principal causa de esta afirmación es que somos seres bio-psico-sociales. Y para ello, vamos a abordar el tema un poco más en profundidad antes de conocer los aspectos que motivaron la carrera delictiva de Aileen.

La psicopatía está determinada por una combinación de rasgos observables que definen a una persona como emocionalmente insensible, manipuladora y egocéntrica. Los principales factores que influyen en la psicopatía son las experiencias de la infancia, la familia y el abuso que se haya podido sufrir durante su vida. Ha por tanto, una serie de factores, a modo de variables si se quiere, que condicionan o determinan no sólo la personalidad psicopática, sino aquellos rasgos psicopáticos más visibles o más determinantes de una persona, no teniendo por ello que ser necesariamente un sujeto con una carrera delictiva. Citaremos entre ellos el factor biológico, donde son los genes los que determinan rasgos psicológicos generales y el desarrollo de trastornos específicos. Como tal, puede aparecer en individuos que experimentan condiciones ambientales estresantes.

El factor ambiental, donde los individuos que experimentan entornos negativos en la infancia caracterizados por estrés y traumas tempranos tienden a desarrollar personalidades psicopáticas en mayor medida que niños que no experimentan estas condiciones. Ejemplo: abuso, negligencia, apego, estilo de crianza; puede llevar a la ausencia de empatía y a la falta de remordimiento o culpa.

El factor social y cultural, donde problemas psicosociales, como aislamiento, falta de apoyo social, pueden agravar los síntomas de la psicopatía y aumentar el riesgo de peligrosidad en conductas violentas.

El factor económico, como otro de los factores que influyen debido a la restricción de acceso que supone a determinados bienes y servicios, el entorno social y comunitario vulnerable en el que se desarrolla la vida de los que no tienen facilidades o acceso.

Sin embargo, es importante tener en cuenta, que psicopatía no es sinónimo de criminalidad, como indican entre otros Garrido Genovés. Los psicópatas están integrados en la sociedad, y cuentan con habilidades sociales, encanto, habilidad manipulativa, engaño y la capacidad de arruinar la vida a los que se unen personal o profesionalmente a ellos. Utiliza la violencia cuando los mecanismos anteriores fallan, mediante la amenaza y la intimidación.

Cuando un sujeto tiene personalidad psicopática o rasgos psicopáticos en su personalidad, el método de evaluación de la psicopatía se realiza, entre otros, con la PCL-R Hare, donde se valoran diversas facetas, a saber: interpersonal, afectiva, estilo de visa impulsivo y antisocial.

Sobre Aileen, podemos exponer su vida con cierto detalle en lo que se refiere a su infancia, ya que además, son momentos que a lo largo de su vida describirá de forma muy enfática, lo que puede servir de ayuda para poder establecer ciertos momentos puntuales en los que, las situaciones de frustración, humillación, abandono, violencia entre otros, a los que se ve sometida, marcarán la motivación y la línea de actuación delictiva. Esquemáticamente, a grandes rasgos, la foto de su vida se resume así:

• nace un 29 febrero 1956, Rochester (Michigan)

• Padres adolescentes, separados jóvenes. 2hijos

• Padre: agresor sexual y violador de una niña de 7años. Sospechoso de asesinato. ¿Esto nos podría hacernos plantear una posible predisposición genética de Aileen?. Será una pregunta que tras terminar este libro, muchos de nosotros podremos habernos formado una opinión al respecto.

• Madre: La abandona de bebé junto a su hermano y la adoptan sus abuelos maternos que creen sus padres.

• Abuelo, David, adicto a la pornografía, castigos con un cinturón con tinte pseudosexual. Abusados por su abuelo durante 10años.

• Disciplina estricta, marcial, palizas, castigos crueles y humillantes.

• Abuela, impulsiva, estallidos repentinos de ira, alcohólica, normaliza el consumo de alcohol las 24h.

• Obligada a mantener relaciones sexuales con su hermano impuestas por su abuelo.

• Aileen, siempre muestra una conducta con muchos cambios de humor personalidad borderline se denomina, con un patrón continuo de inestabilidad en las relaciones sociales, la autoimagen y el estado de ánimo. De ser muy retraída para a presentar fuertes estallidos de ira.

• a los 11años, descubre quiénes son sus padres. Comienza a escaparse de casa y a irse a una zona boscosa llamada "las canteras", donde practica sexo a cambio de dinero o tabaco. Sólo siente atención cuando se prostituye.

• A los 14años, se queda embarazada tras una violación. Le quitan al niño y lo dan en adopción. Su abuelo echa de casa a los dos nietos al morir Britta, la abuela. Ambos hermanos se dedican a vivir en la calle y a prostituirse, cada uno por su cuenta.

• A los 15años, se va a Colorado a vivir con bandas de moteros. Su primera detención tiene lugar en 1976, por conducir borracha y disparando.

• Tras esta detención, recibe la noticia de la muerte de su hermano por cáncer de garganta.

• A sus 20años ya es indigente, alcohólica, drogadicta, se prostituye para ganar dinero, y comete delitos menores. Estamos ante una joven con una vida desoladora desde el momento de nacer. Una persona desasistida y vacía.

• Meses después, se casa con un hombres de 69 años, Lewis Fell, que la recoge haciendo autoestop. A los 3 meses de estar casados, tras diversas denuncias por agresión mutua, se produce el divorcio.

Aquí es donde comienza el declive y la carrera criminal descontrolada e impulsiva de Monster:

• El 20mayo de 1981, es detenida por asalto a mano armada. Cumple 13 meses de prisión. Se defiende bien dentro por su agresividad, sus constantes cambios de humor y carácter violento. Adquiere conciencia forense. Mantiene diversas relaciones homosexuales.

• Entre 1984-1986, nuevo arresto por firmar cheques falsos, conducir sin carnet, obstrucción a la justicia, entre otros.

• En 1986 se produce un nuevo hito en su vida: conoce a Tyria Moore de 24años, que trabaja en una cafetería. Esta chica le da mucha estabilidad, parece un periodo de enfriamiento, donde intenta comenzar su vida de nuevo; pero comienza mostrar, por su inseguridad conductas altamente celosas y posesivas, no puede estar sin ella -hay cierto síndrome de dependencia emocional- y la obliga a dejar de trabajar y estar constantemente con ella.

• Tyria accede a su petición. En 1987, son detenidas por agresión y comienzan a llevar una vida itinerante, y para mantenerse Aileen continúa prostituyéndose. Son detenidas al conducir el vehículo de una de las víctimas en Orange Springs, al que había matado Aileen. Tienen un accidente con el coche robado y lo abandonan. Se encuentran con un bombero fuera de servicio que les pregunta si se encuentran bien, pero Aileen le insulta. Los testigos, describen a las dos mujeres y se les hace un retrato robot, por lo que deciden dejar de convivir un tiempo para ser más difícilmente identificables. Esta situación desestabiliza emocionalmente a Aileen que se había acostumbrado a que Tyria estuviera siempre a su lado, pues estaba realmente muy enamorada de ella. Sin embargo, Tyria se cansa, se planta, quiere tener una vida normal, no puede vivir de motel en motel escondida o viviendo de la prostitución de Aileen, que cada vez es menos atractiva, está más ajada, y además tiene un carácter cada vez más agrio, siempre enfadada, y con una aversión insuperable a los hombres.

Se descubren los asesinatos en 1989 cuando Richard Mallory no acude a abrir su negocio. Su coche aparece abandonado en una playa y en el interior está su documentación, pero no hay dinero. Su cuerpo es encontrado semicubierto por un trozo de alfombra en estado de descomposición en Daytona Beach con 3 impactos en el pecho. Calibre 22.

• El 6 de diciembre de 1990, Aileen es identificada por una huella que deja al firmar en una casa de empeños una cámara de fotos de su primera víctima y es detenida. Tyria, que llega a un acuerdo con la policía para no ser imputada como cómplice. Se graban las conversaciones que mantiene mientras su novia está en la cárcel hasta que logra que confiesa los crímenes y se declara culpable.

Conductas

Modus Operandi

• Frecuenta las carreteras interestatales del estado de Florida, prestando sus servicios.

• Sube al vehículo.

• Pide al cliente que la lleve a un lugar apartado.

• Nada más llegar, no espera a tener relaciones sexuales: cuando la víctima aparca el vehículo y se dispone a mantener la relación, Aileen saca la pistola y dispara hasta vaciar el cargador (que no siempre lleva lleno, sino que va recargando el arma de munición, a veces de las víctimas si llevaban en la guantera del coche, si las roba en una tienda de armas...)

• Les roba la cartera para que tarden más en ser identificados, y se lleva todo el dinero que encuentre en el vehículo. En ocasiones, saca a la víctima del vehículo y se lo lleva.

• Todas las víctimas mueren tiroteadas por el calibre 22 del mismo arma.

• Oculta el cadáver de la vista, sin embargo, no lo entierra, no escenifica, no lo expone, no vuelve a visitar los cuerpos, sino que los deja tirados, abandonados como si fuera basura que es lo que son para ella los hombres.

Víctimas:

- Un total de 7 hombres

- 19 mayo 1990, 43años, 6 impactos; mismo mes, varón de 40 años.

- Junio (Tampa) varón 9 impactos; mismo mes, varón de 65años.

- Julio, otro varón, 3 impactos...

En el caso que nos ocupa, los cuerpos son localizados en un radio de 160km, por lo que la geoperfilación no funciona, la hipótesis del círculo no puede aplicarse en distintos estados.

En este caso toma importancia la realización de la autopsia psicológica de etiología homicida a las víctimas, lo que permite establecer el perfil de víctima:

- Costumbres

- Hábitos de vida

- Horarios

- Acciones comunes

Se concluye que todas ellas son:

- Varones, conducen solos por la carretera interestatal I-95, edad madura, es posible que hubieran recogido a su agresor en la carretera, todos son víctimas de robo de dinero pero no de identidad, todos mueren por impacto de bala del mismo calibre. Este es el único elemento común entre ellos, por tanto el autor debe acceder a las víctimas desde la misma carretera o en uno de los bares que pueda haber a lo largo de la interestatal. El único y gran error que se comete por parte de los investigadores, es descartar que el agresor sea mujer, especialmente por la forma en que mata, ya que este tipo de crímenes violentos suelen ser más propios de un modus operandi masculino. Este hecho retrasa bastante la posibilidad de descartar posibles sospechosos, además del hecho de que hay incertidumbre por cuál será el próximo estado en el que se cometa el siguiente crimen, y cada una de las jurisdicciones tienen un funcionamiento propio, lo que inicialmente dificulta bastante la labor.

Tras confesar los delitos cometidos y ser llevada a juicio, Aileen es procesada por siete asesinatos y condenada a inyección letal, muriendo por este método en

Florida el 09 octubre de 2002.

Perfil criminal

- Rasgos psicopáticos.
- Trastorno antisocial de la personalidad.
- Personalidad borderline.
- Trastorno negativista desafiante.
- No planifica.
- Conciencia forense
- Altamente impulsiva
- Justifica los hechos por ira y venganza.
- Imposible la reeducación.
- Elevada posibilidad de reincidencia.
- Pensamientos muy polarizados.

BIBLIOGRAFIA:

A&E Televisión Networks LLC. (2013) *"Instinto Criminal"*. Crimen & Investigación. Plaza y Janés. Barcelona.

Abeijón Castro, P. (2005) *Asesinos en serie*. Arcopress

Aitken, C., Connolly, T., Gammerman, A., Zhang, G., & Oldfi eld, D. (1995). Predicting an offender's characteristics: An evaluation of statistical modelling. Police Research Group Special Interest Series, Paper 4. London: Home Office.

Álvaro de, J. Carmona, J., Monsalve, J. (2002): Sistemas de información Geográficos. Ponencia, tomado de www.monografias.com.

Amir, M. (1971). Patterns in forcible rape. Chicago: University of Chicago Press.

Asociación Estadounidense de Psiquiatría (2000). *"Manual Diagnóstico y Estadístico de los trastornos mentales"*. DSM-IV-TR

Bafico, J. (2012) "*Los Perros me hablan. Ocho historias de asesinos seriales*". Montevideo, Editorial de la Plaza

Bandura, A. (1979). *"Social learning theory"*. Englewood Cliffs, NJ: Prentice Hall.

Brantingham, P. L., & Brantingham, P. J. (1993). Environment, routine and situation: Toward a pattern theory of crime. In R. V. Clarke, & M. Felson (Eds.), Routine Activity and Rational Choice, 259– 294. New Brunswick, NJ7 Transaction.

Burgess, A. W., Hartman, C. R., Ressler, R. K., Douglas, J. E. y McCormack, A. (1986). *"Sexual homicide: a motivational model"*. Journal of interpersonal violence, 1 (3), 251-272.

Calabuig, G. (2004) *"Medicina Legal y Toxicología"*. España: Elsevier

Canter y Heritage (1990), A multivariate model of sexual offence behaviour developments in offender profilling, Journal of Forensic Psychiatgry.

Canter, D., and Larkin, P. (1993). The environmental range of serial rapists. Journal Environment psychology.13, 63-69.

Canter, D. (1994) *"Criminal Shadows"*. Harper Collins. London.

Canter, D., Missen, C, and Hodge, S. (1997). Are Serial Killers Special? Policing Today. 2(1), 2-11.

Canter, D. (2004). Offender profiling and Investigative Psychology. Journal of Investigative Psychology and Offender Profiling, 1, pp. 1-15.

Cattell, R.B. y Cattell H. E. P (1995). Personality structure and the new fifth edition of the 16PF. Educational and Psychological Measurement, 6, 926-937.

Christie, R. y Geis, F. (1970). "*Studies in Machiavellianism*". Nueva York: Academic Press.

Cleckley, H.M. (1976) "The mask of sanity: an attempt to clarify the so-called psychopathic personality". 5ª ed. St. Louis Mosby.

Cloninger, S. (2003). Teorías de la personalidad. México: Prentice-Hall. Corr, P. (2010). The psychoticism–psychopathy continuum: A neuropsychological model of core déficits. Personality and Individual Differences, 48(6), 695-703.

Connelly, M. (1996) "El poeta" en Garrido Genovés, V. (2000). *"Cara a cara con el psicópata"*. Ariel. Epub ISBN 978-84-344-70-34-7. 2011.

Costa, P. y McCrae, R. (2008). Revised Neo Personality Inventory. TEA Ediciones.

Cuquerella Fuentes, A. (2004). *"Asesinos en serie: clasificación y aspectos medico forenses"*.

DeYoung, C. G. (2010). Personality neuroscience and the biology of traits. Social and Personality Psychology Compass, 4(12), 1165-1180.

Dickinson, K. A., & Pincus, A. L. (2003). "Interpersonal analysis of grandiose and vulnerable narcissism". Journal of Personality Disorders, 17(3), 188–207.

Douglas J y Burgess, A.E. (1986) Criminal Profiling: a viable investigative tool against violent crime. FBI Law Enforcement Bulletin. December 55. Pp. 9-13.

Echeburúa, E y P. de Corral, (1999). "Avances en el tratamiento cognitivo-conductual de los trastornos de personalidad", en "Análisis y modificación de conducta". Vol 25, nº 102. P. 588

Echeburúa E., Muñoz J.M., Loinaz I. (2011). "La evaluación psicológica forense frente a la evaluación clínica: propuestas y retos de futuro" International Journal of Clinical and Health Psychology 2011, 11(1) pp. 141-159. Asociación Española de Psicología Conductual.

Egger, S.A (1990) Serial murder: an elusive phenomenon. Nueva York: Praeger.

Egger, S.A. (1984). "A worker definition of serial murder and the reduction of linkage blindness". Journal of Police Science and Administration, 12. Pp. 348-357.

Escribano, J.J. (2011). "Yo, Psicópata. Diario de un asesino". 2ª Ed. Recuperado de http://www.zonalibre.org/blog/juanjo/archives/Psico.pd f ISBN: 978–84–611–7897–1 p.15

Eysenck, H. (1967). Fundamentos biológicos de la personalidad. Barcelona: Fontanella.

Eysenck, H. J., y Eysenck, S. B. G. (1994). Manual of the Eysenck Personality Scales—Revised. San Diego, CA: Educational and Industrial Testing Service.

Fernández Carrasquilla, J. (1989) "Derecho penal fundamental", Temis, Bogotá. 1989, pág. 88.

Frick, P. & Hare, R. (2001) "Antisocial Process Screening Device (APSD)". Toronto. Canadá.

García, L. F., Aluja, A., García, Ó., y Cuevas, L. (2005). Is openness to experience an independent personality dimension? Convergent and discriminant validity of the openness domain and its NEO-PI-R facets. Journal of Individual Differences, 26(3), 132-138.

García-Barceló, González, Almond & Woolnough. (2020). Behavioural themes in Spanish missing persons cases: An empirical typology. Journal of Investigative Psychology and Offender Profiling 17(3):1-16

García-Barceló, González, Ortigosa & Cereceda. (2020). Desapariciones con desenlace fatal de etiología homicida en España. Centro Nacional de Desaparecidos.

Garrido Genovés, V (2000). "Cara a cara con el psicópata". Ariel. Epub ISBN 978-84-344-70-34-7. 2011.

Garrido Genovés, V (2000). "El psicópata. Un camaleón en la sociedad actual". Algar. Valencia, pp. 33-68; 266 ss.

Garrido Genovés, V., y López Lucio, P. (2006). "El rastro del asesino. El perfil psicológico de los criminales en la investigación policial". España: Editorial Ariel, S.A. Barcelona.

Garrido Genovés, V. (2007). "La mente criminal". Titivillus. epub r1.0

Garrido Genovés, V. (2012). "Perfiles criminales". España: Grupo Planeta.

Garrido Genovés, V., y López Lucio, P. (2006). "El rastro del asesino. El perfil psicológico de los criminales en la investigación policial". España: Editorial Ariel, S.A. Barcelona.

Godwin, M., Rosen, F. (2005): El rastreador. El perfil psicogeográfico en la investigación de crímenes en serie. Alba: Barcelona.

González Álvarez, J.L. (2014) "Perfilado indirecto de la personalidad: Fundamentos". Máster en Comportamiento no verbal. Universidad Camilo José Cela. Madrid.

Göppinger, H. (1975). "Criminología" Reus. Madrid.

Grinstein, M. (2006). "Mujeres asesinas". Buenos Aires: Sudamericana. Argentina.

Groth, A.; Urgess, A.W. Y Holmstrom, L.L. (1977). "Rape power, anger and sexuality". American Journal of Psychiatry, 134, 1239 - 1243

Halty, L., González, J.L., Sotoca, A. (2017) "Modelo ENCUIST: aplicación al perfilado criminal". Anuario de Psicología Jurídica 27 (2017) pp. 21-31.

Halty, L. (2021) " Perfilado indirecto de la personalidad. Modelos". Máster en Perfilación Criminal. B&L. UDIMA. Madrid.

Harbottle, F. (2012). "Imputabilidad disminuida. Hacia una redefinición de la imputabilidad e inimputabilidad". C.R.: Juritexto.

Hare, R.D., (1980). "A research scale of the assessment of Psychopathy in criminal populations". Person Individ Dif.

Hare, R.D. (1991) "The Hare Psychopathic Checklist-Revised".Multi-helat Systems. Toronto.

Hazelwood, R., and Warren, J. (1990). The criminal behavior of the serial rapist. FBI LawEnforce. Bull Feb.: 11-17.

Hazelwood y Burgess (1995), Practical rape investigation: A multidisciplinary approach.

Hazelwood, R. R., & Burgess, A. W. (2001). The behavioral oriented interview of rape victims: The key to profiling. In R. R. Hazelwood, & A. W. Burgess (Eds.), Practical aspects of rape investigation: A multidisciplinary approach, 115–131. Boca Raton, FL: CRC Press.

Hernández Arguedas F. (2015) "La imputabilidad e inimputabilidad desde el punto de vista médico-legal" Vol. 32 (2), septiembre 2015. ISSN 1409-0015

Hickey, E.W. (1991). "Serial murders and theirs victims". Pacific Grove, C.A.: Brooks/Cole.

Homes, R.M. & DeBerger, J. (1998). "Serial Murder" CA: Sage Newbury Park.

James, W. (1890). "Principios de psicología". Henry Holt and Company. New York.

Jarne Esparcia, A., Talarn, A., Armayones, M., Horta, E. y Requena, E. (2006). "Psicopatología". UOC. ISBN 84-9788-333-0. Pp51 ss. Barcelona

Jiménez Serrano, J. (2010). "Manual práctico del perfil criminológico". Valladolid: Editorial Lex Nova.

Jiménez, J. (2011). "Manual Práctico del Perfil Criminológico". Criminal Profiling. Valladolid. Lex Nova

Jimenez Serrano, (2014). "Asesinos en serie: definición, tipologías y estudios sobre esta temática" Gaceta internacional de ciencia forense, nº10. ISSN 2174-9019.

Jiménez, J. (2015). "Psicología e Investigación Criminal. Psicología Criminalista". Navarra: Lex Nova.

Kernberg, O. (1975). "Narcisismo normal y narcisismo patológico. Desórdenes fronterizos y narcisismo patológico". Buenos Aires: Paidós.

Kernberg, O. (2005). "Agresividad, narcisismo y autodestrucción en la relación psicoterapéutica". México: Ed. Manual Moderno.

Kocsis, R. N., & Cooksey, R. W. (2002). Criminal psychological profiling of serial arson crimes. International Journal of Offender Therapy and Comparative Criminology, 46(6), 631-656.

Kraepelin, E. (1903) "Psychiatrie: Ein Lehrbuch" 7ª ed. Batrh. Leipzig.

L.O. 1/1996, de 15 de enero, de protección jurídica del menor, de modificación del código civil y de la Ley de Enjuiciamiento Civil. BOE-A-1996-1069

L.O. 1/2015, de 30 de marzo, por la que se modifica el código Penal.

BOE-A-2015-3439

L.O. 5/2000, de 12 de enero, reguladora de la responsabilidad penal del menor.

BOE-A-2000-641

Locard, E (1935) "Manuel de Técnica policíaca". Barcelona.

Martínez, R., Loyola, E., Vidaurre-Arenas, M., Nájera, P. (2004): Paquetes de programas de Mapeo y Análisis espacial en epidemiología y salud pública. En Boletín Epidemiológico, vol.25,nº 4, pp.7-8.

Maslow, A.H. (1943) "A theory of human motivation". Harper &Ros. New York.

McClelland, d.c. (1989) "Estudio de la motivación humana". Narcea. Madrid.

Meloy, J. R. (2000). "The nature and dynamics of sexual homicide: and integrative review. Aggression and Violent Behavior", 5, 1- 22.

Millon, T. y Everly, G.S. (1994). "La parsonalidad y sus trastornos". Barcelona. Martinez Roca.

Millon T.; Simonsen, E.; Davis, R.D.: Smith, M.B. (1998). "Psychopaty: antisocial, criminal and violent behavior" Guilfor Press. New York, recuperado de http://psicologiajuridica.org/psj377.html

Moreno, B. (2007). Psicología de la personalidad: Procesos. Madrid: Ediciones Paraninfo.

Morrish, R.(1940) "The Police and Crime-Detection Today", London: Oxford University Press, recuperado de https://www.ecured.cu/Edmond_Locard

Ned Levine (2015). CrimeStat : un programa de estadísticas espaciales para el análisis de ubicaciones de incidentes delictivos (v 4.02). Ned Levine & Associates, Houston, Texas, y el Instituto Nacional de Justicia, Washington, DC Agosto.

Ortiz-Tallo, M. (2019) *Psicopatología clínica*. Ediciones Pirámide.

Pascual, Giménez-Salinas & Igual, 2017. "Propuesta de una Clasificación Española sobre imágenes de pornografía infantil". Revista Española de Investigación Criminológica. Art.1. Num. 15. ISSN: 1696-9219

Phillips, Phillip D., (1980). Characteristics and topology of the journey to crime. In D. E. Georges-Abeyie & K. D. Harries (Eds.), Crime: A Spatial Perspective, 169–80. Columbia University Press, New York.

Pinel, P. (1801) "Traité médico-philosophique sur l´alienation mentale ou la manie". J.A. Brosson. París.

Porter, S., Woodworth, M., Earle, J., Drugge, J., y Boer, D. (2003). "Characteristics of sexual homicides committed by psychopathic and nonpshychopathic offenders. Law and human behavior", 27 (5), 459- 470.

Raine, A. y Sanmartín, J. (2000). "Violencia y psicopatía". Ariel. ISBN 978-84-344-7472-3. 2011.

Ramos, M. (2021) " Perfilado indirecto de la personalidad. Indicadores conductuales". Máster en Perfilación Criminal. B&L. UDIMA. Madrid.

Raskin, R. y Hall, C. S. (1981). "The narcissistic personality inventory: alternate form reliability and further evidence of construct validity". Journal of Personality Assessment, 45, 159-162.

Raskin, R. y Terry, H. (1988). "A principal-components analysis of the narcissistic personality inventory and further evidence of its construct validity". Journal of Personality and Social Psychology, 54, 890-902.

Ressler, R. K. Burgess, A. W. (1985). "Violent crimes". FBI Law Enforcement Bulletin, 54(8), 1-33, recuperado de https://www.ncjrs.gov/pdffiles1/Digitization/99114-99117NCJRS.pdf

Ressler, R. K., Burgess, A. W., y Douglas, J. E. (1986). "Sexual homicide: patterns and motives". New York: lonsington, https://www.uv.es/gicf/3R1_Jimenez_GICF_10.pdf

Ressler, R. y Shachtman, T. (2005). "Asesinos en serie" (2º edición.). Barcelona: Serie Estudios sobre Violencia.

Ressler, R. K. (2014). "Dentro del monstruo. Un intento por comprender a los asesinos en serie". Barcelona: España; ALBA editorial, S. L.

Rossmo, D. K. (1995): Geographic Profiling: Target patterns of serial murderes. Simon Fraser University: Vancouver.

Rossmo, D. K., & Baeza, J. J. (1998). The Upper East Side Rapist: A case study in geographic profiling. Paper presented at the meeting of the American Society of Criminology, Washington, DC.

Rossmo, D. K. (2000). Geographic profiling. Boca Raton, FL: CRC Press.

Rossmo, D.K. (2012). Recent Developments in Geographic Profiling. Policing: A Journal of Policy & Practice, 6, 144-151.

Safarik, M. E.; Jarvis, J. P.; Nussbaum, K. E. (2002). Sexual homicide of elderly females. Linking offender characteristics to victim and crime scene attributes. Journal of Interpersonal Violence, 17, 500– 525.

Salfati, G. y Canter D. (1999) "Differenting Stranger Murders: Profiling Offender Chjaracteristics from behavioral styles". Behaviour Sciencies and Law. 17:391-406.

Salfati & Bateman. (2005).Serial homicide: An investigation of behavioral consistency. Journal of Investigative Psychology and Offender Profiling 2(2):121 - 144

Santtila, P.; Laukkanen, M. y Zappalà, A. (2007). Crime Behaviours and Distance Travelled in Homicides and Rapes. Journal of Investigative Psychology and Offender Profiling, 4, 1-15.

Skrapec, C. A. (2000). "Los motivos del asesino en serie" en Jimenez Serrano, (2014). "Asesinos en serie: definición, tipologías y estudios sobre esta temática" Gaceta internacional de ciencia forense, nº10. ISSN 2174-9019.

Skrapec, C. A. (2001). "Phenomenology and serial murder. Homicide Studies" 5 (1), 46- 63.

Soto Castro, J. E., (2017). "Manual de investigación psicológica del delito. El método V.E.R.A.". Madrid. Ed. Pirámide.

Sotoca, A., González, J. L., Fernández, S., Kessel, D., Montesinos, O., & Ruíz, M. Á. (2013). Perfil del incendiario forestal español: aplicación del perfilamiento criminal inductivo. Anuario de Psicología Jurídica, 23(1), 31-38

Sotoca, González & Halty. (2019). Perfiles Criminales: principios, técnicas y aplicaciones. Dykinson. España.

STS 1216.- Sentencia de 29 de octubre de 1981 https://vlex.es/vid/76757546

STS 207/2006, 7 de Febrero de 2006 https://vlex.es/vid/delito-robo-intimidacion-20363608

STS 845/1999, 18 de Octubre de 1999 https://vlex.es/vid/culpa-vigilando-intereses-u-fa-pa-921-lec-17746449

Turner, S., (1969). Delinquency and distance. In T. Sellin, M. E. Wolfgang (Eds.), Delinquency: Selected studies, 11-26. New York: John Wiley.

Turvey, R. (2008). "Criminal profiling: an introduction to behavioral evidence análisis". San Diego: Elsevier.

Velasco de la Fuente, P. (2018) "Criminal-mente". Ariel. Barcelona.

Vozmediano, L.; San Juan, C. (2010). "Criminología Ambiental: Ecología del delito y de la seguridad". Barcelona: Editorial UOC.

Widom, C. S. (1977). A" methodology for studying noninstitutionalized psychopaths". Journal of Consulting and Clinical Psychology, 45, 674-683.

Zazzali, J. (2007). "Manual de Psicopatología Forense". Buenos Aires, Argentina: La Roca.

Zuckerman, M., Eysenck, S. B., y Eysenck, H. J. (1978). Sensation seeking in England and America: cross-cultural, age, and sex comparisons. Journal of consulting and clinical psychology, 46(1), 139

Zuckerman, M. y Cloninger, R. (1996). Relationships between Cloninger's, Zuckerman's, and Eysenck's dimensions of personality. Personality and Individual Differences, 21(2), 283-285.